山东耕地质量评价与应用丛书

成武耕地

田桂祥　主编

山东大学出版社

图书在版编目(CIP)数据

成武耕地/田桂祥主编．—济南：山东大学出版社，2011.1
ISBN 978-7-5607-4300-4

Ⅰ.①成...
Ⅱ.①田...
Ⅲ.①耕地—土地资源—质量—评价—成武县
Ⅳ.①F323.211

中国版本图书馆 CIP 数据核字(2011)第 012844 号

山东大学出版社出版发行
(山东省济南市山大南路 27 号　邮政编码：250100)
山 东 省 新 华 书 店 经 销
济南景升印业有限公司印刷
787×1092 毫米　1/16　8.75 印张　198 千字
2011 年 1 月第 1 版　2011 年 1 月第 1 次印刷
定价：18.00 元

《成武耕地》编辑委员会

《成武耕地》编著人员名单

主　　编	田桂祥
副 主 编	张保晴　张瑞生　兰守格　陈志坚　张凤莲 刘春荣　赵秋新　邢继东　江　海
编 著 者	田桂祥　张保晴　张瑞生　兰守格　陈志坚 张凤莲　刘春荣　赵秋新　许卫东　邢继东 宋凤鸣　卞公明　刘凤欣　曹鸿海　安媛媛 杨国敏　李效民　许　聆　韩　科　江　海
审　　稿	田桂祥　张保晴
制　　图	张瑞生　兰守格　陈志坚　张凤莲
数据统计	张保晴　张瑞生　兰守格　陈志坚　张凤莲
数据录入	张保晴　赵秋新
调查与化验	田桂祥　张保晴　张瑞生　兰守格　陈志坚 张凤莲　刘春荣　赵秋新　刘凤欣　曹鸿海 安媛媛　许　聆　韩　科
技术顾问	蒋庆功　高瑞杰　李　涛　万国华　泉维洁 郭跃升　弭云禄　桑卫民　许卫东　邢继东

前言

土地是人类赖以生存的基础，耕地是农业生产的前提条件。掌握耕地资源状况、土地利用现状和土壤养分变化动态，为指导农业生产提供科学依据，是农业科技推广工作者的重要任务。成武县农业推广工作者于1952年、1981年开展了两次土壤普查工作，对土地资源的综合利用、科学施肥以及提高农作物产量做出了重大贡献。后来，根据农村经营体制、耕作制度、种植结构和生产水平的变化情况开展了几次以耕地土壤养分为主要内容的普查工作，对指导当地不同时期的农业生产，开展平衡配套施肥起到了积极作用。但由于调查采用的技术比较陈旧，调查的对象主要是粮、棉作物，调查内容少，分析项目也仅限于常规养分，调查成果在表达和应用上有较大的局限性，难以满足当今市场对农产品质量的高要求及成武农业生产快速发展的需求。2005年，成武县被国家列为首批测土配方施肥项目县，根据农业部统一安排，成武县开展了耕地地力调查与质量评价工作，这次调查采用了先进的技术手段，调查的精度高，其成果不仅为成武县农业生产提供了翔实科学的理论依据，而且对于提高全县农作物单产，保证稳定增产，提高肥料的利用率，降低生产成本，提高农产品质量，确保农民持续增收，保护农业生产环境和实现农业可持续发展具有深远的意义。

根据《全国耕地地力调查与质量评价总体工作方案》、《全国耕地地力调查与质量评价工作试点方案》和《全国耕地地力调查与质量评价技术规程（试行）》等的技术要求，成武县耕地地力调查与质量评价工作小组先后采集土样8056个、剖面样点32个、水样65个和植株样品25个，化验分析土壤有机质、全氮、碱解氮、有效磷、速效钾、缓效钾、全钾、交换性钙、交换性镁、有效硫、有效硅、有效锌、有效硼、有效锰、有效铜、有效钼、全盐、氯离子以及容重、重金属等34个项目，共计64569项次。对耕地的地力、环境质量进行了评价，并建立了县域耕地质量管理信息系统，主要成果有成武县耕地地力调查与质量评价工作报告、技术报告及专题报告，还绘制了耕地地力等级图、土壤养分等级图等共24种图幅。

为确保调查及化验数据的质量与精度，在整个工作过程中坚持“五个统一”，即统一技术规程、统一评价标准、统一调查表格、统一统计口径和统一汇总方法，切实加强质量控制。在此要求下，专门成立了由分管局长为组长、技术骨干为成员的队伍，合理布点、规范取样、样品标准化处理等方面加强了质量控制。一是合理布点，严格取样。布点突击代表性、兼顾均匀性。取样时统一用取土器取样，统一确定取土样深度，统一采15～20个样点，统一采用GPS定位。二是认真审核调查数据。为保证调查数据真实有效，统一设计了调查表格，固定专人填写调查数据。三是严格化验分析。化验分析方法均采用国家标准，实行基础实验控制，全程序空白值测定，每批样品做两个空白样，实行标准曲线控制，每批样品均做标准曲线，实行精密度控制，样品分析时平行率达到100％，坚持准确度控制，使用标准样品进行内参样掺插，确保了化验分析数据的准确与可靠。

成武县耕地地力调查与质量评价试点工作是在山东省农业厅、山东省土肥总站具体指挥和指导下完成的。在项目实施过程中，成武县县委、县政府在组织协调人力、物力等方面给予了大力支持；成武县环保局、国土资源局、水利局、气象局、档案局等部门在数据图幅的提供方面给予了积极配合；山东农业大学帮助完成了图件数字化及地力评价成果图的绘制。在此一并表示诚挚的感谢。

在山东省农业厅、山东省土肥总站、成武县县委、县政府的正确领导下，本书的编著者们以严谨的科学态度和认真负责的工作精神，力求将内容写的准确、完美，但受水平所限，加之时间仓促，错误之处在所难免，希望各级领导和农业科技战线的同行批评指正，以便进一步修改提高。

编　者

2010年11月

目 录

第一篇 耕 地

第二篇　耕地资源可持续利用对策与建议

附 录

第一篇　耕　地

第一章　自然与农业生产概况

耕地是重要的农业生产资料，是具有一定地力与质量特点的自然资源。其地力高低与质量好坏是在多种自然条件作用下形成的，并对农作物产量、品质有着直接的影响。本次耕地地力评价充分应用了第二次土壤普查的成果资料、土地利用详查资料，对测土配方施肥获取的大量调查、分析数据进行了分析筛选，从 8056 个调查点位选取了 2260 个用于耕地地力评价，建立了耕地资源空间数据库和属性数据库，还建立了耕地资源管理信息系统，确定了地力评价指导体系，绘制了耕地地力等级、土壤养分（有机质、全氮、有效磷、速效钾、有效态中微量元素）等数字化成果图，并对全县耕地地力 7 个等级进行了分述，提出了耕地分区改良利用的措施。

第一节　自然条件

一、基本概况

成武县位于山东省的西南部，属黄河冲积平原，地处北纬 34°48′25.2″～35°09′35.7″、东经 115°43′34.6″～116°10′36.5″之间，东邻济宁市金乡县，东南部与单县相接，西南部与曹县连接，西、北分别同定陶县、巨野县接壤。全县南北宽约 39km，东西长约 41km，总土地面积 988.1km^2。本县地势平坦，西南高，东北低，海拔为 20～50m。成武县地理位置优越，交通十分便利。西靠京九铁路，北依新石铁路，南临陇海铁路，东接京沪铁路。京九铁路与新亚欧大陆桥在菏泽交汇，使菏泽成为纵连南北、横贯东西的交通枢纽。距济南和郑州国际机场各约 200km，紧邻日东、济菏、菏兰、德商、宝连等高速公路，德商、枣曹、定砀、东丰四条省级公路贯穿全境，公路密度为 137km/100km^2。

成武县历史悠久，周初属郜国，郜遗址在今县城东南 9km 处，秦统一中国实行郡县制，成武属东郡。元设省，成武属中书省曹州府。明初属济宁府，洪武四年，尚宝铸印，加成以“土”，县名又为“城武”。清雍正十三年（1735 年），曹州升为府，城武县改属曹州府。中华民国初属曹州府，城武改属济宁道。1949 年 8 月，平原省建立，隶属于平原省湖西专署，1952 年底撤销平原省，改属山东省，1953 年秋，撤销湖西专区，改属菏泽专区。1958 年撤销定陶县，东部划归城武县，并经省呈国务院批准，将“城”去掉“土”，复为“成武”县，随菏泽地区撤销而隶属于济宁专区，1959 年菏泽专区恢复，成武县仍隶属于菏泽专区，1962 年元月，定陶县恢复，其建制复原至今。全县共有成武镇、九女镇、天宫庙、孙寺镇、苟村镇、白浮图、张楼乡、大田集、党集乡、南鲁集、汶上集、伯乐集十二处乡镇和一个开发区，1315 个自然村，476 年行政村，188162 户，总人口 65.2 万人，其中农业人口 55.5 万人。全县耕地总面积 66666.7hm^2。

成武县县城地处三十里长堤环抱之中，三面邻水，是全县政治、经济、文化的中心。由于黄河泛滥，县城屡遭水淹，为了保护城池，明清两代筑成护城大堤 15700m，使堤内减少了黄河淤积，堤外堤内高低相差 3.5m，形成城湖。原城湖面积近 666.7hm^2，至 1960 年尚有水面 466.7hm^2，水深 1～2m，盛产苇蒲、鱼、藕。20 世纪 70 年代以来，由于疏通河道及毁湖造田等原因，湖水几近干涸，现有水面仅 200hm^2。

二、气候

成武县属暖温带半湿润季风大陆性气候。春季干旱多风，夏季高温多雨，秋季凉爽，冬季干燥寒冷，冷热季和干湿季的区别明显，四季变化分明，光照充足，降水年际变化显著，年内分配不均。这一寒暖干湿交替的气候特征对成土过程有重要影响。

(一)温度、日照

成武县年平均气温 13.9℃，年际变化不大，最高值为 15.0℃(1998 年和 1999 年)，最低值为 13.0℃(1984 年)。平均最高气温在 7 月份，为 28.9℃，极端最高气温(1972 年 6 月 11 日)达 40.2℃，平均最低气温在 1 月份，为－3.3℃，极端最低气温(1991 年 12 月 29 日)为－16.7℃。年平均无霜期 202 天，无霜期最短为 176 天(1991 年)，最长为 282 天(1999 年)。

历年平均日照时数为 1895.4h，最多为 2523.4h(1971 年)，最少为 1747.7h(1993 年)。日平均气温高于 30℃的时间，最长 96 天，最短 56 天，平均 79 天；高于 10℃的年积温 4613℃，高于 0℃的积温累年平均 5135℃。

(二)降水及蒸发

成武县年平均降水量为 627.3mm，7、8 月份降水最多，占全年的 47.5%，年变幅较大，常出现水涝和干旱。最大年降水量为 920.2mm(1994 年)，最小年降水量为 371.3mm(1988 年)，最大年降水量为最小年降水量的 2.5 倍。降水量在一年中亦分配不均，冬季(12 月、1 月、2 月)降水量占年降水量的 5%，夏季(6～8 月)降水量占年降水量的 59.6%。

全年蒸发量为 1370.4mm，为降水量的 2.2 倍。一年中以六月份蒸发量最大，为 334.1mm，4～6 这三个月蒸发量为 814.4mm。蒸发量远大于降水量是本县气候条件的重要特点，加之降水分配不均，旱涝季节明显。

(三)干燥度与风

成武县平均干燥度为 1.26，气候较为干燥。成武县主要风向为北风，累年平均频率为 11%，冬季多北风，春季多南风。风速月变化，1～4 月份平均风速逐月上升，4 月份最大，4 月份以后又逐年下降，至 8 月份最低，8 月份后又上升，到 11 月份又较大，年底略有下降。在4月份由于风速较大，蒸发量大而降水又少，气候干燥，在这一阶段干热风会不同程度地出现，影响小麦后期正常生长。

三、地形地貌

成武县地势平坦，地貌类型较为简单。根据成武县的实际情况，分为缓平坡地和浅平洼地两种微地貌类型，四个微地貌单元(参见表1-1)。

表1-1 成武县地貌类型统计表

微地貌类型	微地貌单元	面积 hm²	面积 %	主要分布	高程(m)	坡降	浅水埋深(m)	质地
缓平坡地	高坡地	16802.7	25.2	汶上、天宫、九女、田集西南	44～46	1/4000	4.5m以上	砂壤土 轻壤土
	平坡地	24223.5	36.34	南鲁、城关、孙寺、苟村	41～44	1/4500	3.5～4.5	轻壤土 中壤土 砂壤土
	洼坡地	13330.9	20.0	田集、张楼、白浮	38～41	1/5000	3～4	轻壤土 中壤土
浅平洼地	浅平洼地	12304.6	18.46	九女南部、天宫北部、党集党楼		1/6000	2～3	中壤土 重壤土
合计		66666.7	100					

(一)缓平坡地

缓平坡地是泛滥漫流沉积而成。按地表形态可将缓平坡地分为高坡地、平坡地、洼坡地三个微地貌单元。此类型在全县分布面积最大，约54357.1hm²，占总面积的81.5%，地面平坦，坡降在1/4000～1/6000。

1. 高坡地：地处本县西部，地面坡降相对较大，一般在1/4000，海拔高程较高，一般为44～46m，潜水埋深一般在4.5m以上。主要分布在汶上、伯乐、九女、天宫等乡镇，土壤多为砂质、壤质，面积约16802.7hm²，占全县总面积的25.2%。

2. 平坡地：地势平坦，地面坡降1/4500左右。地处全县中部从南到北，海拔高程为41～44m，潜水埋深4m左右，矿化度为0.5～2g/L，土壤一般为轻壤、中壤、砂壤土，主要分布在南鲁、党集、城关、苟村、孙寺、田集西南部、天宫北部等，面积24223.5hm²，占全县总面积的36.34%。

3. 洼坡地：地处缓平坡地的末端，地势低平，地面坡降在1/5000左右，海拔高程为38～41m，潜水埋深3～4m，土壤类型为壤、黏相间，盐化潮土占一定比例，主要分布在田集、张楼、白浮等乡镇，面积约13330.9hm²，占全县总面积的20.0%。

(二)浅平洼地

由黄河泛滥时静水沉积而成。地势缓平而低洼，坡降在1/6000左右，潜水埋深较缓平坡地浅，一般为2～3m，群众习称"漫洼"，土壤类型以潮土中的中壤土、重壤土(淤土)为主，洼底与洼地边缘地面高差为0.5～1.0m，成武县共有九片洼地，分布在九女镇智楼水库、天宫北部、孙寺镇纯集、城区、汶上镇党楼、党集乡、田集镇大崔洼、张楼乡吕洼、白浮镇当典等地，面积约12309.6hm^2，占全县总面积的18.46%。成武县洼地较多，主要是所处地理位置距离黄河较远，受黄河泛滥威胁较小，静水沉积类型占一定比例。

四、成土母质

成土母质是土壤体的主要物质基础。任何土壤都是在母质上发育起来的，它们的发育程度、肥力高低，都受到原来母质的直接影响。成武县地处黄泛平原，成土母质为黄河冲积物，由黄河从上游黄土高原携带大量泥沙深积而成，黄土母质富含钙质，故成武县土壤石灰反映强烈，速效磷易被土壤中的钙所固定，pH呈中性至微碱性，同时，土壤中的钾素含量比较丰富。深积时层次明显，具有良好的分选性，有的砂性重，有的黏性重，有的上砂下黏，有的上黏下砂，或黏砂相间。这是因为黄河多次改道泛滥在急水、缓水、静水情况下，分别形成砂、壤、黏质土壤，即所谓“紧砂、慢淤、不紧不慢出两合土”的沉积规律所致。

五、河流与地下水

成武县属黄淮流域，河道众多，密集交错，水资源开发利用潜力较大。水系分东鱼河和万福河两大流域。并有23条小河流鱼刺般注入两河中，东鱼河西起东明县刘楼、东至鱼台县入昭阳湖，全长172km，境内长36km。万福河西起东明县王二寨，交错穿过成武、巨野县境，至鱼台县入南阳湖，全长151km，境内16.2km。除河流之外，大小沟渠交错其间，对灌溉和排涝，发挥着巨大的作用。

成武县地下水资源丰富，地下水位2～10m。整个趋势基本和地貌型相一致，西部和西南部埋层较深，东部较浅。潜水埋深大于5m的范围分布较广泛，主要在成武镇王双楼至孙寺后陈楼以西，东鱼河以南，天宫镇伍伦集至九女镇袁楼以北，成武镇、九女镇一带为主；4～5m的埋深范围主要分布在汶上、伯乐、天宫以北、九女以南、孙寺等乡镇；3～4m的埋深以南鲁、田集西南部、张楼、白浮图等乡镇为主；2～3m埋深面积较小，主要分布在苟村镇后王营、张楼乡苗楼、白浮镇东南一带；1～2m的埋深范围仅在张楼乡前张桥分布，面积最小。常年水位变幅一般为1～3m，西部大于东部。潜水流向自西向东或自西南向东北方向，与地表水流向基本一致，潜水水质较好，大部分属淡水，弱矿化水一般矿化度为0.5～2g/L，pH7.92，宜于农业开发利用，潜水化学类型主要为钙钠质氯化物、重硫酸盐水、钙钠质硫酸盐重碳酸盐水和钙钠质硫酸盐氯化物水。

全县耕层土壤矿化度分为四级。一级(低于0.5)耕地面积为962.5hm^2，占全县耕地面积的1.4%，主要分布在成武镇、汶上镇、南鲁集镇、伯乐镇、白浮图镇、大田集镇；二级(0.5～2)耕地面积为60799.0hm^2，占全县耕地面积的91.2%，分布在全县各个乡镇；三级(2～5)耕地面积为4599.7hm^2，占全县耕地面积的6.9%，主要分布在汶上镇、南鲁集镇、天宫庙镇、九女集镇、苟村镇、成武镇；四级(高于5)耕地面积为331.3hm^2，占全县耕地面积的0.5%，主要分布在南鲁集镇、汶上集镇、天宫庙镇、张楼乡。

六、植被

成武县气候温暖，土层深厚，适宜多种植物生长，因此植被类型较多。植被以栽培作物为主，其中粮食作物有小麦、玉米、地瓜、豆类（包括大豆、绿豆、红小豆、豌豆、扁豆等）、谷子、水稻、稷等；经济作物有棉花、芝麻、花生等。

瓜类有西瓜、甜瓜、冬瓜、南瓜、黄瓜、艮瓜、搅瓜、丝瓜等。

蔬菜类有白菜、菠菜、萝卜、韭菜、葱、蒜、西红柿、辣椒、豆角、甘蓝、芹菜、芫荽、山药、眉豆、生菜、土豆、芸豆、西葫芦、窝苣等。

林木植被类型属温带落叶阔叶林，主要树种有杨、柳、榆、桐、槐、椿、楝、桑、松柏等；条木类有白腊、紫穗槐、杞柳等；果树类有苹果、桃、杏、枣、梨、葡萄、石榴、樱桃等。森林覆盖率为 28.5%。

花卉有菊花、夹竹桃、鸡冠花、美人蕉、玫瑰、木槿等。

水生植物有藕、芦苇、蒲草等。

自然植被类型主要为野生杂草，有茅草、曲曲菜、蒺藜、节节草、狗身草、灰灰草、刺儿菜、蒲公英、小旋花、瓦松、星星草、野向日葵、野西瓜棵等；药用草木有马齿苋、香附、地黄、车前草、菟丝子、花椒、茵陈、艾等。

第二节　农业经济概况

成武县目前辖 10 个建制镇、2 个乡、1 个开发区，476 个行政村，1315 个自然村。人口 65.2 万人，其中农业人口 55.5 万人，农村劳力 30.2 万人。成武县是一个农业县，全县耕地面积 66666.7hm^2，是全国粮食生产基地县，全国高标准平原绿化县。2007 年农民人均纯收入 4103 元。到 2007 年底，村村通车，户户有电，自来水受益村 190 个。

截止到 2007 年底，农业机械总动力 795992kW，大中型拖拉机牵引机械 4767 台，田间作业配套 17752 台，其中犁 9185 台，旋耕机 1339 台，耙 6647 台，播种机 2273 台，收割机 2353 台，秸秆粉碎还田机 408 台，拖拉机 5088 台，铺膜机 199 台，化肥深施机 61 台，大型农田拖拉机 2085 台，中型农田拖拉机 732 台，小型农田拖拉机 9247 台，现有机井 10938 眼。

排溉机械保有量 21653 台（套），其中水泵 17225 台，喷灌机械 4428 套，机耕地面积 63333.3hm^2，机播面积 54666.7hm^2，机收面积 54333.3hm^2，有效灌溉面积 54333.3hm^2，旱涝保收面积 46666.7hm^2。

农村用电量 15045 万度，农业用电量 7131 万度，农田柴油 59000t，农药使用量 627t，地膜使用量 2181t，化肥使用量（实物）130250t。年末大牲畜存栏 4.49 万头，猪 12.0 万头，羊 54.0 万头，家禽 351.7 万只，兔 2.5 万台，当年出栏牛 5.0 万头，猪 38.4 万头，羊 88.4 万只，家禽 413.8 万只，肉类总产量 516600t，奶类总产量 2700t，羊毛产量 2100t。

第三节　农业生产概况

成武县土地耕种历史悠久，以农业为主，兼有林业、畜牧业。种植作物以小麦、玉米、棉花、蔬菜为主。近年来，成武县各级党委、政府紧紧围绕发展农业、繁荣农村、致富农民三大任务，积极实施农业增效、农民增收、财政增收和农村稳定的“三增一稳工程”，贯彻落实科学发展观，强力实施“突破成武”战略，以调整农业和农村经济结构为主线，以培植畜牧、林果、蔬菜三大龙头经济为重点，以发展农业产业化为主攻方向，以深化农村改革和科教兴农为动力，狠抓党的各项政策的落实，千方百计地加快农业和农村经济发展。

2007 年，全县实现农业总产值 18.15 亿元，比上年增长 7.5%，农民人均纯收入 4103 元，增长 15.6%，人均增长 554 元。农业和农村经济保持了健康发展的良好势头。2007 年，粮食播种面积 70933.3hm^2，蔬菜播种面积 24066.7hm^2，棉花播种面积 29.66.7hm^2(成武县统计局 2007 年)。

据 2007 年农业统计资料，全县耕地面积 66666.7hm^2，人均耕地 0.1hm^2，农作物播种面积 123333.3hm^2，复种指数为 186%，主要作物播种面积、单产、总产见表 1-2。

表 1-2　　成武县 2007 年农业生产现状(成武统计局 2007 年)

农作物	播种面积 (hm^2)	平均单产 (kg/hm^2)	总产量 (t)	蔬菜瓜类果品	播种面积 (hm^2)	总产量 (t)
粮食作物	70933.3	5739	407166	蔬菜	24066.7	837300
小麦	50666.7	5545.5	280976			
玉米	19933.3	6286.5	125310	水果		29470
大豆	333.3	2376	792			
油类作物	133.3	3292.5	439			
棉花	29066.7	1252.5	36398			

据统计，2007 年全县农业总产值 291645 万元，比 2006 年增加 26513 万元，其中农业、林业、牧业、渔业、农林牧渔服务业分别占 63.7%，2.3%，27.4%，4.5%，2.1%(见表 1-3)。

表 1-3

年份	2006 年		2007 年	
	现价(万元)	%	现价(万元)	%
总　计	291645	100	265132	100
1. 农业	181508	62.2	168932	63.7
2. 林业	5988	2.1	6067	2.3
3. 牧业	83570	28.7	72649	27.4
4. 渔业	14171	4.9	11976	4.5
5. 农牧渔服务业	6408	2.1	5508	2.1

通过 200 个种粮农户，50 个大田蔬菜种植农户，50 个种植大棚蔬菜农户调查获得以下信息，见表 1-4 和表 1-5。

表 1-4 不同用地类型农户产量、产值、效益、成本统计

农田类型		粮田	大田蔬菜	大棚蔬菜	蔬菜地平均
年产量(kg/hm²)		11835	319500	61800	46875
年产值(元/hm²)		15385.5	38340	74160	56250
年效益(元/hm²)		6820.5	17190	39660	28425
生产成本(kg/hm²)	合计	8565	21150	34500	27825
	化肥	4800	7350	10800	9075
	有机肥	300	2250	3075	2662.5
	农药	450	1200	1800	1500
	种苗	975	3150	3300	3225
	灌溉	1140	1500	3000	2250
	农膜	—	1800	4650	3225
	人工	—	2700	5175	3937.5
	其他	900	1200	2700	1950

表 1-5 不同地类型农户肥料施用量统计

农田类型	粮田	大田蔬菜	大棚蔬菜	蔬菜地平均	
有机肥(kg/hm²)	合计	3975	6750	13905	10327.5
	商品有机肥	—	900	1500	1200
	其他	3975	5850	12405	9127.5
化 肥(kg/hm²)	合计	2140.5	5235	6507	5871
	复合肥	1530	367.5	4455	—
	碳酸氢铵	151.5	76.5	184.5	—
	尿素	334.5	477	112.5	—
	过磷酸钙	84	181.5	480	—
	钾肥	31.5	300	600	—
	其他	9	525	675	—
折纯量(kg/hm²)	纯氮	442.5	753	951	852
	五氧化二磷	243	597	745.5	672
	氧化钾	21	268.5	547.5	408

第二章　土壤与耕地资源情况

第一节　土地利用状况

据县国土局资料，成武县土地总面积为93266.6hm^2。总耕地面积为66666.7hm^2，占土地总面积的71.48%。耕地类构成以水浇地为主，面积为66253.3hm^2，占总耕地面积的99.38%；旱地面积为413.3hm^2，占总耕地面积的0.62%。

园地面积为611.5hm^2，占土地总面积的0.66%。其中果园为457.1hm^2，占园地面积的74.74%；桑园167.5hm^2，占园地面积的25.21%；其他园地为0.3hm^2，占园地面积的0.05%。

林地面积为5535.1hm^2，占土地总面积的5.93%。其中有林地为5144.2hm^2，占林地面积的92.94%；其他林地为390.9hm^2，占林地面积的7.06%。

城镇村及工矿用地为12158.3hm^2，占土地总面积的13.01%。其中建制镇为1365.4hm^2，占城镇及工矿用地的11.23%；村庄为9546.7hm^2，占城镇及工矿用地的78.52%；采矿用地为1241.3hm^2，占城镇及工矿用地的10.21%；风景名胜及特殊用地为5.3hm^2，占城镇及工矿用地的0.04%。

交通运输用地为759.2hm^2，占土地总面积的0.81%。水域设施用地5045.7hm^2，占土地总面积的5.41%。其他用地为2521.3hm^2，占土地总面积的2.70%。

第二节　土壤类型

土壤是自然界客观实体，是气候、地形、母质、生物、时间、自然因素综合作用下发育形成的，也是劳动的产物，并在人类工作管理影响下变化发育。因而，土壤有垂直分布、水平分布和地域分布。成武县地处黄河泛滥平原，成土母质为黄河冲积物，由黄河多次决口泛滥携带大量泥沙沉积而成，加之人类长期耕种、管理，使土壤逐步向有利于生产的方向发展。根据全国第二次普查的土壤分类系统，成武县土壤共分为1个土类、2个亚类、2个土属和56个土种(见表2-1～表2-3)。

表 2-1　　成武县土壤及检索表

土类		亚类		土属		土种划分依据及代号				
名称	代号	名称	代号	名称	代号	盐化程度（分子表示）	土体构型（分母表示）		耕层质地（分子表示）	
							代号	名称	代号	名称
							2	厚砂心	3	砂壤土
		潮土	b	潮土	2		4	厚砂腰	4	轻壤土
							8	厚壤心	5	中壤土
潮土	C						10	厚壤腰	6	重壤土
						按盐班分	13	薄黏心		
		盐化潮土	c	盐化潮土	5	(一)轻度 10%	14	厚黏心		
						(二)中度 20%～30%	15	薄黏腰		
						(三)重度 40%～50%				
心位：20～60cm 腰位：60～100cm							16	厚黏腰		
底位：100～150cm							17	薄黏底		
注：厚层＞30cm 薄层＜30cm							18	厚黏底		
土体构型中：松砂、紧砂、砂壤为砂；轻壤、中壤为壤；重壤、黏土为黏							19	均质		

表 2-2　　潮土土种面积统计表

土种发生名称	土种代号	群众名称	可利用面积(hm^2)	占可利用面积(%)	土种主要特征	土种主要分布区域
厚砂心轻壤土	$Cb_2\ \frac{4}{2}$	两合土	5632.99	8.45	表层为两合土，土体 20～60cm 有大于 30cm 厚的砂土层	九女、伯乐、成武镇
厚砂心中壤土	$Cb_2\ \frac{5}{2}$	淤土	370.78	0.56	表层为淤土，20～60cm 土体中有大于 30cm 的厚的砂土层	
厚砂心轻壤土	$Cb_2\ \frac{4}{4}$	两合土	7820.93	11.73	表层为两合土，60～100cm 土体中有大于 30cm 的砂土层	九女南部、党集、田集、南鲁、汶上
厚砂心中壤土	$Cb_2\ \frac{5}{4}$	淤土	2332.90	3.5	表层为淤土，60～100cm 土体有大于 30cm 的砂土层	
厚砂心重壤土	$Cb_2\ \frac{6}{4}$	淤土	259.29	0.39	耕层质地黏重，耕性差，难耕耙，坷垃大而多，60～100cm 有厚砂层	
厚砂心砂壤土	$Cb_2\ \frac{3}{8}$	砂土	634.38	0.95	耕层质地偏砂，20～60cm 有大于 30cm 的壤质夹层	

续表

土种发生名称	土种代号	群众名称	耕地面积（hm^2）	占耕地（%）	土种主要特征	土种主要分布区域
厚砂心砂壤土	$Cb_2\frac{3}{10}$	砂土	334.33	0.5	土质偏砂，土体 60～100cm 处有大于 30cm 的壤质夹层	
厚砂心重壤土	$Cb_2\frac{6}{10}$	淤土	116.57	0.17	全剖面以重壤土，黏土为主，质地黏重，耕性差	
薄黏心轻壤土	$Cb_2\frac{4}{13}$	两合土	1412.53	2.12	耕层为两合土，耕层以下有薄的黏土夹层	
簿黏心中壤土	$Cb_2\frac{5}{13}$	淤土	2133.71	3.20	表土为淤土，耕层以下有小于 30cm 的黏土层	
厚黏心轻壤土	$Cb_2\frac{4}{14}$	两合土	2028.81	3.04	表土为两合土，20～60cm 处有大于 30cm 的黏土层	
厚黏心中壤土	$Cb_2\frac{5}{14}$	淤土	11592.68	17.39	表层为淤土，20～60cm 处有大于 30cm 的黏土层	天宫、九女南部、白浮、党集、南鲁、汶上、孙寺、伯乐北部
壤质黏心	$Cb_2\frac{4}{15}$	两合土	1064.52	1.6		
薄黏腰轻壤土	$Cb_2\frac{5}{15}$	两合土	1014.84	1.52	表层为两合土，60～100cm 有小于 30cm 的黏土层	
厚黏腰砂壤土	$Cb_2\frac{3}{16}$	砂土	388.37	0.58	表层为砂壤土，60～100cm 有大于 30cm 的黏土层	
厚黏腰轻壤土	$Cb_2\frac{4}{16}$	两合土	3644.99	5.47	表土为两合土，60～100cm 有大于 30cm 的黏土层，保肥保水	九女、孙寺北部、苟村、南鲁、田集、成武镇
厚黏腰中壤土	$Cb_2\frac{5}{16}$	淤土	3353.02	5.03	表土为淤土，60～100cm 有厚黏土层，保肥保不，肥力较高	孙寺、苟村、成武镇、张楼、南鲁

续表

土种发生名称	土种代号	群众名称	可利用面积（hm^2）	占总可利用面积（%）	土种主要特征	土种主要分布区域
壤质黏心	$Cb_2\frac{4}{17}$	两合土	107.14	0.16		
均质砂壤土	$Cb_2\frac{3}{19}$	砂土	3733.40	5.60	全剖面为砂壤土，养分含量较低，地无后劲	田集西南、成武、九女、汶上
均质轻壤土	$Cb_2\frac{4}{19}$	两合土	6587.79	9.88	全剖面为壤土，质地适中，耕性良好，保水保肥	伯乐、苟村、张楼、南鲁、孙寺、田集西部
均质中壤土	$Cb_2\frac{5}{19}$	淤土	4041.88	6.06	全剖面质地均一，多为淤土，自然肥力较高	白浮、伯乐、张楼、党集、田集西南部
均质重壤土	$Cb_2\frac{6}{19}$	淤土	309.29	0.46	1m内土体为重壤土、黏土、质地黏重，耕性差，难耕耙	
合计			58914.9	88.36		

表 2-3　盐化潮土土种面积统计表

土种发生学名称	代号	可利用面积(666.7m²)	占总可利用面积(%)	土种主要特征	土种主要分布区域
轻盐化厚砂心轻壤土	$Cc_5\frac{4(-)}{2}$	481.4	0.72	表层为两合土，有轻度盐碱，20～60cm有厚砂土层	
轻盐化厚砂腰轻壤土	$Cc_5\frac{4(-)}{4}$	1180.73	1.77	表层为两合土，有轻度盐碱，60～100cm有厚砂土层	
轻盐化厚砂腰中壤土	$Cc_5\frac{5(-)}{4}$	59.02	0.09	表土为淤土，有轻度盐化，60～100cm有大于30cm的砂层	党集、苟村
轻盐化厚壤心砂壤土	$Cc_5\frac{3(-)}{8}$	51.90	0.08	表土为砂土，有轻度盐化，20～60cm有厚壤质夹层	
轻盐化薄黏心砂壤土	$Cc_5\frac{4(-)}{13}$	333.52	0.5	表土为两合土，有轻度盐化，有轻度盐化，20～60cm处有薄黏夹层	
轻盐化厚黏心轻壤土	$Cc_5\frac{4(-)}{14}$	87.39	0.13	表土为两合土，有轻度盐化，20～60cm有大于30cm的黏土层	

续表

土种发生学名称	代号	可利用面积($666.7m^2$)	占总可利用面积%	土种主要特征	土种主要分布区域
轻盐化厚黏心中壤土	$Cc_5\ \frac{5(-)}{14}$	316.26	0.47	表土为淤土,有轻度盐化,20～60cm有厚的黏质夹层	
轻盐化薄黏腰砂壤土	$Cc_5\ \frac{3(-)}{15}$	256.15	0.38	表土为砂土,有轻度盐化,20～60cm处有薄的黏质夹层	
轻盐化薄黏腰轻壤土	$Cc_5\ \frac{4(-)}{15}$	154.63	0.23	表土为两合土,有轻度盐化,20～60cm处有薄的黏质夹层	
壤质黏心	$Cc_5\ \frac{3(-)}{16}$	387.16	0.58		
轻盐化厚黏腰轻壤土	$Cc_5\ \frac{4(-)}{16}$	494.33	0.74	表土为两合土,有轻度盐化,20～60cm有厚黏层,面积较大	天宫北、孙寺西北部
轻盐化厚黏腰轻壤土	$Cc_5\ \frac{5(-)}{16}$	32.40	0.05		
轻盐化薄黏底轻壤土	$Cc_5\ \frac{4(-)}{17}$	107.33	0.16	主体以两合土为主,表层轻盐化,1m以下有薄的黏夹层	
轻盐化厚黏底砂壤土	$Cc_5\ \frac{3(-)}{18}$	114.17	0.17	表土为砂土,轻度盐化,1～1.5m有大于30cm黏夹层	
轻盐化厚黏底轻壤土	$Cc_5\ \frac{4(-)}{18}$	289.98	0.43	表土两合土,轻度盐化,1～1.5m有厚的黏南夹层	
壤质黏心	$Cc_5\ \frac{5(-)}{18}$	101.84	0.15		
轻盐化均质壤土	$Cc_5\ \frac{3(-)}{19}$	135.72	0.20	地表有轻度盐化,全剖面为砂壤质,质地偏砂	
轻盐化均质轻壤土	$Cc_5\ \frac{4(-)}{19}$	715.35	1.07	表层为两合土,轻度盐化,全剖面为壤质土壤,面积较大	南鲁、苟村、白浮
轻盐化均质中壤土	$Cc_5\ \frac{5(-)}{19}$	278.74	0.42	表层为淤土,轻度盐化,全剖面为壤质土壤	

续表

土种发生学名称	代号	可利用面积($666.7m^2$)	占总可利用面积(%)	土种主要特征	土种主要分布区域
中盐化厚砂心轻壤土	$Cc_5\ \frac{4(\text{二})}{2}$	333.64	0.5	表层为两合土,中度盐化,20～60cm有厚砂质夹层	
中盐化厚砂腰轻壤土	$Cc_5\ \frac{4(\text{二})}{4}$	97.34	0.15	表土为两合土,中度盐化,60～100cm有厚砂质夹层	
中盐化厚砂腰中壤土	$Cc_5\ \frac{5(\text{二})}{4}$	122.22	0.18	表土为淤土,中度盐化,60～100cm有厚砂质夹层	
中盐化厚壤心砂壤土	$Cc_5\ \frac{3(\text{二})}{8}$	99.17	0.15	表土为砂土,中度盐化,20～60cm有大于30cm的壤夹层	
中盐化厚壤腰砂壤土	$Cc_5\ \frac{3(\text{二})}{10}$	162.29	0.24	表土为砂土,中度盐化,60～100cm有大于30cm薄黏层	
中盐化薄黏心轻壤土	$Cc_5\ \frac{4(\text{二})}{13}$	137.30	0.21	表土为两合土,中度盐化,20～60cm有小于30cm薄黏层	
中盐化厚黏心轻壤土	$Cc_5\ \frac{4(\text{二})}{14}$	185.23	0.28	表土为两合土,中度盐化,20～60cm大于30cm厚黏夹层	
中盐化薄黏腰中壤土	$Cc_5\ \frac{5(\text{二})}{15}$	58.99	0.09	表土为游伴土,中度盐化,60～100cm有薄的黏质夹层	
中盐化厚黏腰轻壤土	$Cc_5\ \frac{4(\text{二})}{16}$	69.21	0.10	表层为两合土,中度盐化,60～100cm有大于30cm的厚黏层	
壤质黏心	$Cc_5\ \frac{5(\text{二})}{17}$	75.45	0.11		
中盐化均质砂壤土	$Cc_5\ \frac{3(\text{二})}{19}$	237.74	0.36	地表有中度盐化,全剖面为砂土,养分含量低,地无后劲	
中盐化均质轻壤土	$Cc_5\ \frac{4(\text{二})}{19}$	254.46	0.38	耕层为两合土,中度盐化,全剖面为壤质土壤	南鲁、田集西南、白浮、伯乐北
中盐化均质中壤土	$Cc_5\ \frac{5(\text{二})}{19}$	27.02	0.04	表层为游伴土,中度盐化,全剖面为壤质土壤	

续表

土种发生学名称	代号	可利用面积(666.7m²)	占总可利用面积(%)	土种主要特征	土种主要分布区域
重盐化厚砂腰轻壤土	$Cc_5\ \frac{4(三)}{4}$	145.71	0.22	表土含盐量较高，盐碱危害重，60～100cm处有厚砂层	天宫
重盐化薄黏腰轻壤土	$Cc_5\ \frac{4(三)}{15}$	63.68	0.10	表土全盐量为0.8%左右的两合土，60～100cm有薄黏夹层	汶上
盐化潮土三十四个土种		136733	12.00	轻度的19个土种，中度的13个土种，重度的2个土种	

第三节 耕地利用与管理

一、耕地利用现状

成武县耕地面积为66666.7hm²，耕地地类构成以水浇地为主，面积为66253.3hm²，占耕地面积的99.38%；旱地面积为413.3hm²，占0.62%(见表2-4)。

表2-4 成武县耕地三级分类面积统计表

项目单位	水浇地面积(hm²)	占耕地(%)	旱地面积(hm²)	占耕地(%)
成武县	66253.3	99.38	413.3	0.62
成武镇	4727.91	97.75	108.83	2.25
大田集镇	7617.75	99.08	70.73	0.92
天宫庙镇	5475.04	98.91	60.34	1.09
汶上集镇	7105.17	99.87	9.25	0.13
南鲁集镇	4457.92	99.82	9.04	0.18
伯乐集镇	5316.65	99.90	5.32	0.10
苟村集镇	4306.04	99.95	2.15	0.05
白浮图镇	5803.60	99.63	21.55	0.37
孙寺镇	5882.20	99.91	5.30	0.09
九女集镇	7081.47	99.58	29.87	0.42
党集乡	4305.33	97.93	91.00	2.07
张楼乡	4171.52	99.99	0.42	0.01

成武县属温带大陆性季节气候，地表径流量为1亿立方米，地下蕴藏量为3亿多立方米，水土资源优越，适宜多种作物生长，农业生产潜力大。

成武县是农业县，种植作物以小麦、玉米、棉花、蔬菜为主，一般一年两熟，典型的种植制度是小麦—玉米和大蒜—棉花。近年来，由于国家加大了对三农的政策扶持力度和资金投入，提高了农民的生产积极性，使耕地利用情况日趋合理。主要表现在以下几个方面：一是耕地产出率高，2007年全县粮食总产达到407000t，棉花瓜菜总产分别达到36000t和1057000t，20000hm^{2}大蒜、3333.3hm^{2}芸豆和2万个高中温棚菜等均获得丰产丰收。二是耕地利用率高，随着新科技、新品种的不断推广，以及间作套种等耕作方式的合理利用，使蔬菜大棚生产快速发展，耕地复种指数不断提高。2007年，农作物总播种面积129127hm^2(统计资料)，复种指数达263%。三是产业结构日趋合理。全县特色农产品生产基地初具规模，形成了20000hm^{2}大蒜、5333.3hm^{2}西瓜、3333.3hm^{2}芸豆、1333.3hm^{2}大棚菜、1333.3hm^{2}蚕桑、1333.3hm^{2}花卉苗木、4666.7hm^{2}粮食、2666.7hm^{2}棉花等八大种植业商品基地。粮经作物面积比例达到40∶60。四是基础设施进一步改善，全县机井保有量达到10938万眼，实现有效灌溉53333.3hm^2，旱涝保收面积达46666.7hm^2，其中保浇水一水区为1455.57hm^2，占总耕地面积的2.18%；二水区为16043.17hm^2，占总耕地面积的24.06%；三水区为26017.8hm^2，占总耕地面积的39.03%；四水区为22970.83hm^2，占总耕地面积的34.46%；不能浇水区为179.33hm^2，占总耕地面积的0.27%。农业生态体系初步建立，定砀路、聊商路、东丰路、枣曹路、东鱼河等绿化带建设工程基本完成，有效地改善了农业生态环境。

二、耕地管理历史回顾

“十分珍惜、合理利用土地和切实保护耕地”是我国的基本国策，在确保不踏耕地红线的前提下，必须确保耕地质量的不断提高，并合理利用耕地，不断提高耕地的产出率。成武县地势平坦，土层深厚，光热充足，降水较多，有利于农业生产的发展，加之耕种历史悠久，人口稠密，土地利用率较高，农、林、水措施对土壤的改良起着重要的影响。建国以来，全县曾先后对土地进行了几次大规模的整治，其中20世纪50年代进行了深翻改土和排涝工程的建设；20世纪60年代大挖台田，既排涝又能压砂盖淤，改良土壤；20世纪70年代进行了平整土地和桐粮间作，使土地畦田化，扩大了水浇面积；20世纪80年代大力增施肥料(特别是氮、磷肥)，提高复种指数，使土地利用率大大提高。这些人为的改土措施对农业生产起了很大的促进作用，同时也不同程度地改善了土壤的肥力状况，使盐碱地面积逐年减少，危害程度减轻，受涝灾的威胁逐年减小，水浇面积逐年增加。

党的十一届三中全会以后，特别是家庭联产承包责任制的实施，使农民的积极性空前高涨，对土地的投入成倍增加，产量也大幅度提高，有力地促进了农业的全面发展。但随着经济的迅速发展，大量农民进城务工，转向二、三产业，加上长期以来种粮比较效益偏低、种粮农民增收困难、农业生产资料价格上涨等因素，导致农业生产基础投入不断下降，农田道路、桥涵、井渠等农业基础设施年久失修。同时，由于农民大量施用化肥，重氮轻磷、轻施有机肥，导致土壤N、P、K及微量元素比例严重失调，造成了肥料资源浪费和农业面源污染，制约了农业综合生产能力的提高，使得优良品种的增产和增质潜力很难发挥，成为制约现代农业发展的“瓶颈”。

近年来，国家对农业的扶持力度不断加大，相继开展了国家生态环境建设、商品粮基地建设、农业综合开发、旱作农业示范区建设和测土配方施肥工程。尤其是党的十七届三中全会对保护粮食安全、巩固农业基础地位等方面重新制定了更加有力的政策措施，加大了农业基础设施建设，加强粮种繁育、中低田改造、农业科技服务与推广，对农业持续快速发展起到了强有力的支撑作用。

1981 年，成武县开展了土壤普查工作，系统地划分了土壤类型，详细地分析了各种土壤类型的形成原因、存在问题及改良利用方向，认真总结分析了当时高中产田土壤条件，确定了土壤培肥措施和目标，为后来的配方施肥、土壤改良提供了依据，推动了磷肥的广泛施用，实现了农产品产量的飞跃。

土壤普查以后，成武县一直致力于普查成果的应用及新技术、新成果的推广，相继完成了《小麦施用锰肥增产效果的试验研究》、《玉米配方施肥试验研究》等相关课题。1988～1992年，全县推广实施了平衡施肥和优化配方施肥技术，完成了有机肥资源调查及养分化验工作，为农业的快速发展作出了积极贡献。

近年来，国家加大了农业的扶持力度，2005 年农业部在全国开展测土配方施肥项目，通过项目的实施，彻底改变了群众的传统施肥观念，使施肥更加趋于合理，降低了农业的面源污染，提高了耕地质量，使农业步入良性发展的轨道。

三、耕地障碍因素分析

土壤的障碍因素是指土壤中含有某些不利于作物生长发育的因素或缺乏某种营养元素，严重影响作物的生长发育。归纳起来，成武县耕地主要存在以下几个问题：

(一)土壤偏砂偏黏

据统计，全县土壤质地偏砂的砂壤土土地有 7933.3hm²，占总耕地面积的 11.9%，典型的剖面型是均质砂壤，该类土壤 1m 以内上体为砂壤土，土壤剖面多呈灰褐色，结构差或无结构，中下部有锈纹锈斑，潜水埋深较浅，土壤地力差，保肥能力低，不耐旱。

全县耕层土壤质地偏黏的重壤土有 866.7hm²，占总耕地面积的 1.3%，典型的剖面结构是均质重壤土，1m 内土体为重壤土、黏土，此类土壤质地黏重，耕性差，淤性大，不耐涝，通透性差。

(二)盐碱危害

盐碱危害是 1950～1980 年影响全县农业生产的主要障碍因素之一，到 1981 年土壤普查时，全县仍有盐碱地 9133.3hm²，占总耕地面积的 12%，其中轻度盐碱有 17 个土壤类型，面积为 6533.5hm²；中度盐碱有 13 个土壤类型，面积为 3200hm²；重度盐碱有 5 个土壤类型，面积为 400hm²。二十多年来，通过完善土地整治、田间排涝等农田基本建设，还有秸秆还田、有机肥施用、测土配方施肥等项目配套保障措施，全县盐碱地得到了有效改良，作物产量成倍增长。但近几年来，全县雨水较多，潜水位抬高，再加上不合理的灌溉，如大水漫灌、有灌无排等，使个别地块出现返盐和盐渍化现象，严重影响了作物的生长。

（三）土壤养分不协调

一是有机肥施用量偏少，增加有机肥的投入、提升土壤有机质含量是培肥地力的重要措施。据统计蔬菜田平均施有机肥 17070kg/hm^2，在有机肥的施用上有 40％的农户直接施用新鲜或半腐熟的有机肥。二是过量施肥，导致土壤酸化、盐渍化、作物病害加重、产品质量下降。三是肥料配比不合理，据统计粮田年平均施用化肥实物量为 2140.5kg/hm^2，折合成 N442.5kg/hm^2，P_2O_5 243kg/hm^2，K_2O21kg/hm^2，N：P_2O_5：K_2O 为 1：0.55：0.05。蔬菜田年平均施用化肥实物量 5871kg/hm^2，折合纯 N 852kg/hm^2，P_2O_5 672 kg/hm^2，K_2O408kg/hm^2，N：P_2O_5：K_2O 为 1：0.79：0.48。与作物需要量相比明显不平衡，由于养分不协调，破坏了土壤结构和土壤养分平衡，导致土壤酸化和盐渍化。

第三章　农业生产施肥概况

第一节　测土配方施肥技术推广回顾

我国测土施肥的研究与推广工作先后经历了几个不同的发展阶段，其中20世纪50年代到70年代中期，我国科技工作者对土壤田间速测指导施肥的技术进行了研究和推广应用，当时的技术体系注重用简单的土壤速测方法在田间进行土壤快速测试并用于指导施肥，由于精确度不高，速测结果也只能简单地分出土壤肥力的高低；20世纪70年代末到80年代初期是快速发展时期，这一时期的测土施肥研究与推广在我国农业生产中发挥了重要作用；20世纪90年代后发展相对较慢。

全国范围内的大规模测土施肥研究与推广应用是在20世纪70年代末随第二次全国土壤普查开始的。当时我国第二次土壤普查野外工作基本结束，土壤肥料科学工作者开始研究普查成果的应用，他们结合土壤有效养分测定结果开展了大量肥料田间试验，在合理施肥方面取得了突破性进展。

从20世纪80年代到90年代末，我国测土配方施肥的研究与推广应用中可以看出，我国测土配方施肥方法先后经历了由简到繁、由粗到精的发展过程。测土施肥在我国农业生产中发挥了重要作用，特别是养分丰缺指标法，在我国得到了大范围的推广应用。

20世纪80年代到20世纪末的近20年是我国国民经济发展最为快速的时期，各方面的发展都很迅速。这一时期，人民生活水平的提高促使农业在20世纪的最后几年里发生了迅速的转变。首先，农业结构从单纯的粮食生产转向粮食和蔬菜、果树等经济作物并重，其中尤其以蔬菜和果树的快速发展而引人注目；其次，农民肥料投入量的迅速提高，这一方面促进了土壤有机质的增长和土肥肥力的提高，另一方面也由于过量施肥造成了局部地区，尤其是东部经济发达地区地下水的硝酸盐超标和部分湖泊的水体富营养化。这期间，由于没有全国性的项目支持，我国很多农业技术人员的知识水平没有及时跟上时代发展的步伐，还停留在“第二次土壤普查”时的水平上，而种植体系的改变、农作物品种的改进和土壤肥力的变化，已经使原来建立的土壤养分诊断指标和临界值不能适应当前“测土配方施肥”工作的需要，基层农业科技工作者迫切需要补充新的知识和技能。

2005年开始，农业部在全国组织了大规模的测土配方施肥技术推广行动。这次推广测土配方施肥行动不仅仅以提高作物产量为目标，而是根据我国目前农业生产需要，以养分资源综合管理为手段，以作物高产、优质、环境友好为方向，以建设节约型和环境友好型的集约化可持续农业为最终目标的更高层次的高效、经济、科学的测土施肥技术推广活动。因此，与以往相比对技术要求更高。该项工作需要以大量完整而系统的田间试验为基础，通过土壤测试值与作物产量的相关性检验研究和养分吸收量的分析，建立一系列符合当前要求的养分丰缺指标和推荐施肥指标，形成一套有广阔应用前景的施肥技术体系。

成武县施用化肥起步较晚，20 世纪 70 年代逐步开始使用，1973 年平均施用化肥只有 154.5kg/hm^2(实物量)，以后施用量逐年增加，并且品种不断增加。1981 年全县进行了土壤普查，参照普查成果，结合肥料田间试验，利用养分丰缺指标法指导施肥，重点开展了土壤养分丰缺指标研究、配方施肥、优化配方施肥、平衡配套施肥等技术推广工作。2005 年开展了测土配方施肥试点补贴资金项目，通过项目的实施，进一步完善了测土配方施肥推广机制，建立了不同作物施肥指标体系，指导施肥更加科学合理，有力地促进了全县农业生产的发展。

第二节 历史肥料投入状况

一、有机肥施用现状

全县有机肥施用主要存在两个方面的问题：一是有机肥投入不足；二是有机肥施用方法不合理。

1. 全县农家肥总量为 912800t，其中堆肥 167400t，厩肥为 470400t，土杂肥为 275000t，总用量为 702300t，用量 6753kg/hm^2，畜禽粪便总量为 7.93 万吨，传统堆沤处理类便为 65800t，工厂化处理只有 11500t，占总量的 74.5%，沼气化处理 2000t，占总量的 2.5%。

秸秆利用情况：小麦机收率在 98%以上，秸秆大部分直接还田，但每年都存在着秸秆焚烧现象，玉米秸秆直接还田的占 95%以上，杂粮及其他作物秸秆 90%左右作燃料。

近年来，商品有机肥得到了广泛应用，90%以上蔬菜田在施用商品有机肥，而粮田则很少施用。

从不同作物有机肥施用量比较来看，蔬菜田平均施有机肥 17070kg/hm^2，粮田平均施有机肥 1545kg/hm^2，二者相差 10 倍以上。

2. 据调查，有 40%的农户直接施用新鲜有机肥，或施用沤制不彻底半腐熟的有机肥，造成作物烧苗料烂根，严重影响作物产量和品质。

二、化肥施用现状

据统计，全县 2007 年化肥施用实物量为 130250t(折纯量 38725t)，其中氮肥 58541t(折纯量 20390t)，磷肥 35783t(折纯量 6097t)，钾肥 9615t(折纯量 2783t)，复合肥 26311t(折纯量 9455t)，年平均 177kg/hm^2(折纯量 53kg)，粮田年平均施化肥实物量 2140.5 kg/hm^2，折纯 N 442.5kg/hm^2，P_2O_5 243kg/hm^2，K_2O 21kg/hm^2，蔬菜田年平均亩施用化肥实物量 5871kg/hm^2，折合纯 N 852kg/hm^2，P_2O_5 672kg/hm^2，K_2O 408kg/hm^2。

近几年，通过测土配方施肥项目的开展，全县群众的施肥观念得到改变，群众对测土配方施肥的认识水平不断提高，施肥更加科学合理，肥料品种由过去的单质肥料，如碳酸氢铵、尿素、过磷酸钙、氯化钾、硫酸钾等，逐渐向复合肥特别是配方肥过渡，如小麦底肥配方为18-18-9，蔬菜底肥配方为18-12-15，玉米追肥配方为25-8-7，棉花追肥配方为26-6-8。但在施肥上，个别农户仍存在着盲目施肥的现象，一是过量施肥，不问地力状况，盲目增加施肥量，尤其在蔬菜田表现更为突出，如大蒜底肥推荐配方肥施用量1500～1875kg/hm^2，个别农户实行施用3000～3750kg/hm^2，结果造成烧种烧苗，据统计，大田集、张楼、白浮等大蒜区每年都发生轻重不同的烧种烧苗面积为33.3～53.3hm^2。在大棚芸豆上同样也存在着过量施肥的问题，由于化肥的过量施用，加上有机肥投入不足，连年重茬，土壤中盐分积累越来越多，造成土壤酸化、次生盐渍化，土壤理化性状变差，作物病害逐年加重，产量降低，品质变差，有些老菜区菜农被迫改种粮食作物。二是肥料配肥不合理，据调查全县蔬菜田氮磷钾的施用比例是1∶0.79∶0.48，而蔬菜吸收氮磷钾的比例是1∶0.34∶1.23，由于养分不协调，不仅不能提高作物产量和品质，反而增加了成本，破坏了土壤结构。

三、微量元素肥料施用现状

微量元素同大量元素一样，对作物的生长发育起着同等重要的作用。据化验分析，全县土壤大部分缺硼，部分地块缺锌、硼、锰，施用微肥有明显的增产效果。在微肥施用上，推荐小麦施锰、锌，玉米施锌，棉花施硼，蔬菜施硼、钼，蔬菜田微肥施用面积占60%以上，粮田施用微肥面积占30%以上。

四、历史化肥用量及粮食产量变化趋势

成武县1949～2007年化肥施用量及粮食产量情况（见表3-1，图3-1～图3-4）。

表 3-1 成武县 1949～2007 年化肥施用量及粮食产量统计表

年份	化肥施用量(t)									粮食	小麦		玉米	
	实物量	氮肥	磷肥	钾肥	折纯量	氮肥	磷肥	钾肥	$N:P_2O_5:K_2O$	总产量(t)	总产(t)	单产(kg/hm²)	总产(t)	单产(kg/hm²)
1949										54355	13830	450	0	0
1950										85371	18680	491	0	0
1951										74403	20872	506	0	0
1952										109938	30194	713	0	0
1953										78042	27401	635	1	500
1954										96637	32518	700	3	750
1955										95263	21810	735	364	879
1956										87713	26356	638	2616	642
1957										47019	29504	706	211	153
1958										73024	38849	940	2899	741
1959										58665	23906	983	2589	647
1960										60165	18849	463	628	789
1961										51460	11038	338	762	764
1962										55242	12342	370	448	850
1963										49428	16826	564	451	1064
1964										59051	18884	602	1938	1180
1965										78855	16991	667	4182	1574
1966										87181	24514	861	6741	1414
1967										78855	16991	667	4182	1574
1968										78942	21592	752	2341	2057

续表

年份	化肥施用量(t)									粮食	小麦		玉米	
	实物量	氮肥	磷肥	钾肥	折纯量	氮肥	磷肥	钾肥	$N:P_2O_5:K_2O$	总产量(t)	总产(t)	单产(kg/hm²)	总产(t)	单产(kg/hm²)
1969										78942	19546	681	2495	2192
1970										85731	19546	731	4377	2621
1971										93442	24298	859	6943	2438
1972										97509	32075	1098	7113	2048
1973	9191				2556					100880	33468	1180	7637	2300
1974	5533				1605					87989	23532	855	8910	2319
1975	9020				2571					124868	35057	1780	17735	2945
1976	15499				4650					134272	45661	1771	28660	3250
1977	8287				2403					114958	23470	1062	30062	3366
1978	18200				5278					122085	44205	1836	21865	2849
1979	82620				21670					125930	53230	2105	19272	2693
1980	19643				5500					88835	42330	1651	12652	2240
1981	25621				7430					98570	43158	1751	16756	2821
1982	48960				14688					106965	55520	2266	22310	3280
1983	62082				17383					167800	122951	4682	24247	3043
1984	63302				18041					194398	145815	4845	32177	3755
1985	46255				13414					229384	157829	1835	45717	3711
1986	40095				11427					234006	163240	4510	48347	3296
1987	46138				13380					229776	145875	4043	62849	4785
1988	59057	47822	9278	60	13393	11000	1392	15	1∶0.13∶0.001	166624	103527	3973	51120	4065

续表

年份	化肥施用量(t)									粮食总产量(t)	小麦		玉米	
	实物量	氮肥	磷肥	钾肥	折纯量	氮肥	磷肥	钾肥	$N:P_2O_5:K_2O$		总产(t)	单产(kg/hm^2)	总产(t)	单产(kg/hm^2)
1989	92677	67844	18441	37	19060	11697	2950	18	1:0.25:0.001	210998	130657	3545	67276	5052
1990	94100	68300	19300	86	24700	17100	4000	37	1:0.24:0.002	244477	157365	4142	66437	5531
1991	94100	68300	19300	126	24700	17100	4000	57	1:0.24:0.002	244477	157365	4142	66437	5530
1992	93630	67000	19500	330	24788	16750	4100	198	1:0.25:0.012	257798	158886	4334	79513	5798
1993	100572	61543	22947	2071	25394	14775	4563	194	1:0.31:0.013	301473	172261	4810	106933	5889
1994	92507	56237	29044	2434	24161	14497	5490	1238	1:0.38:0.085	309368	182997	5237	104939	5895
1995	93263	53557	28415	3773	21788	12722	4225	737	1:0.33:0.058	340021	173930	5425	146067	5750
1996	110407	60291	34671	5137	26871	15103	5214	1700	1:0.35:0.113	321783	169971	5474	136188	6606
1997	122487	62518	36573	7814	32357	16879	6258	2435	1:0.37:0.144	284581	158743	5146	134236	6385
1998	128697	64852	38954	9665	35441	18232	6741	3068	1:0.37:0.168	277060	132001	4656	125984	5894
1999	124412	62096	38008	8490	35353	17597	7658	2961	1:0.44:0.168	334934	171230	6191	141149	6190
2000	116862	55796	36524	7738	35590	16890	7939	3492	1:0.47:0.207	259064	136863	5640	106619	6384
2001	116983	56801	37073	7773	33858	15969	7658	3955	1:0.48:0.248	241571	136458	5202	94349	6125
2002	119386	55984	37325	8139	35468	16589	6934	3825	1:0.42:0.231	214763	130547	5468	81295	6137
2003	121373	56075	37438	8782	38450	19510	6407	3796	1:0.33:0.195	192683	120161	5722	62783	5235
2004	122386	57843	36840	9030	39214	19604	6236	3936	1:0.32:0.201	344674	155336	5052	187354	5641
2005	124452	58008	36936	9129	39035	19600	6457	3890	1:0.33:0.198	399981	271602	5160	125208	5782
2006	126784	57908	36766	9413	37385	19962	6417	2785	1:0.32:0.140	413488	282515	5368	129795	6032
2007	130250	58541	35783	9615	38725	20390	6097	2783	1:0.30:0.136	407242	280976	5545	125390	6289

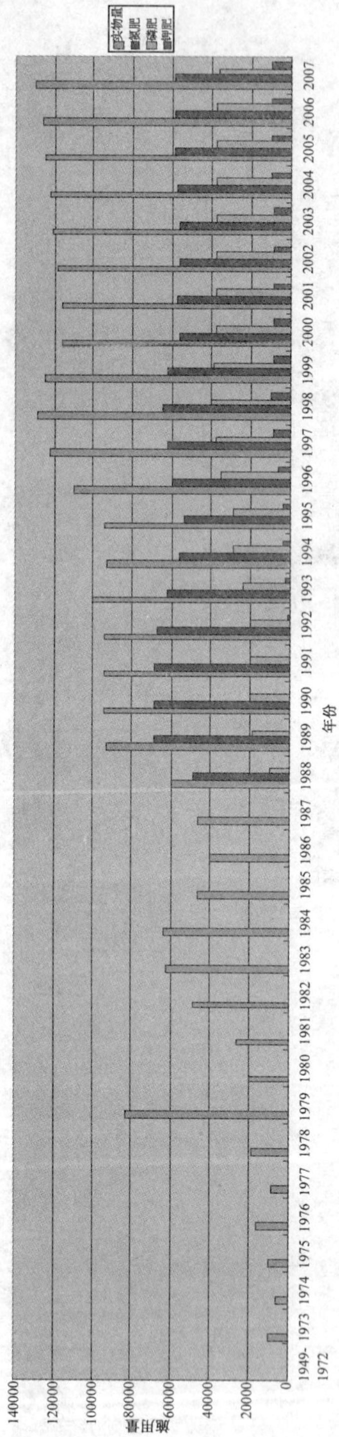

图3-1 成武县1949~2007年化肥实物量变化趋势图

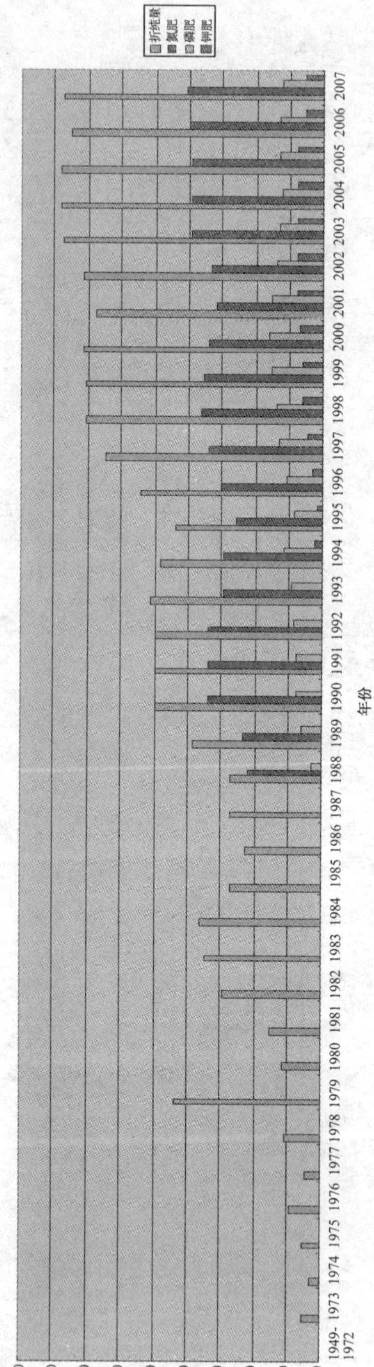

图3-2 成武县1949~2007年化肥折纯量变化趋势图

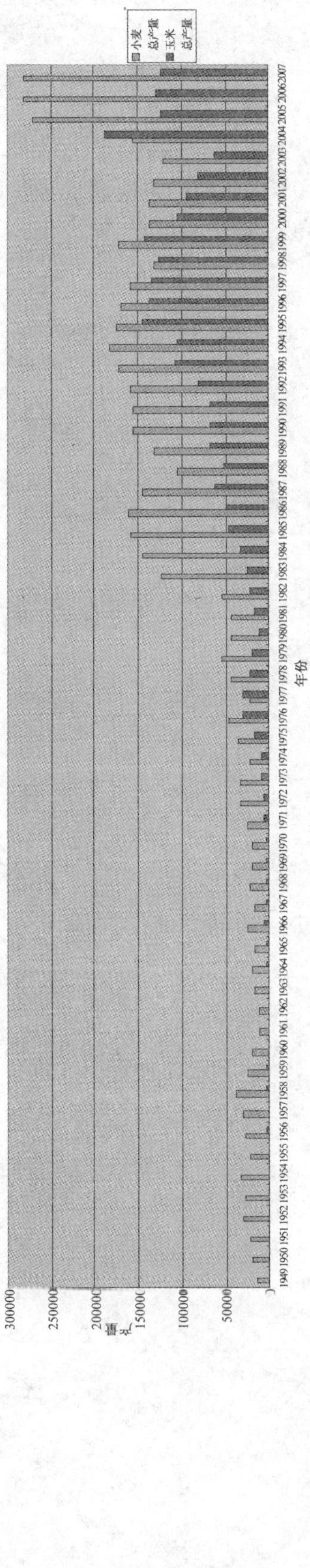

图3-3 成武县1949~2007年小麦玉米总产变化趋势图

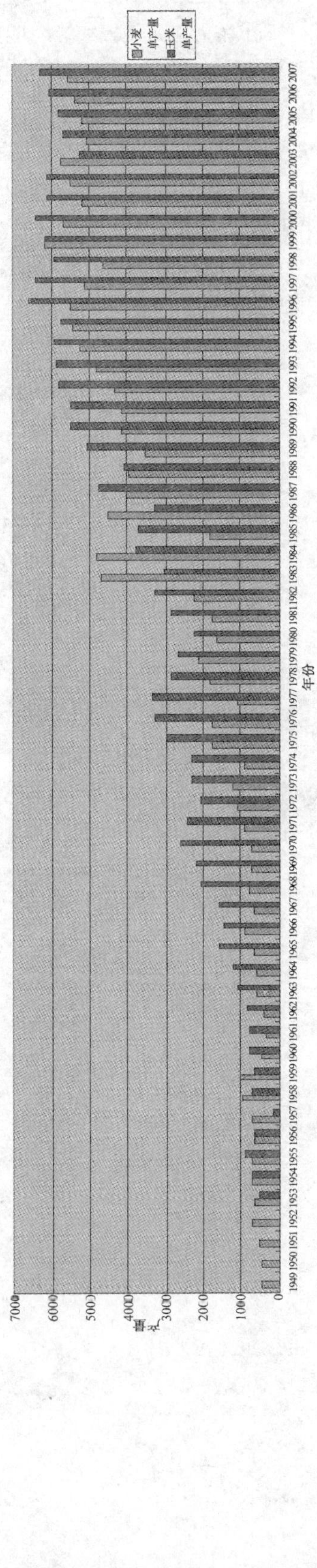

图3-4 成武县1949~2007年小麦玉米单产变化趋势图

由表 3-1 及变化趋势图(图 3-1～3-4)可以看出,全县化肥施用起步较晚,1973 年,全县施用化肥仅 2556t(折纯),以后逐年增加。随着作物产量的不断提高,施肥结构逐渐变化,刚开始以氮肥为主,磷、钾肥量逐年增加,1988 年,N∶P_2O_5∶K_2O 为 1∶0.13∶0.001,2007 年,N∶P_2O_5∶K_2O 为 1∶0.3∶0.136。粮食产量变化:总产在 1949～1982 年变化平稳,1983 年以后总产大幅度提高,1994 年后有所下降,2004 年开始回升,2006 年达到了历史最高产量,是 1949 年的 7.6 倍。单产变化趋势明显,不同年份间有所起伏,但总趋势是逐年增加。2007 年小麦单产是 1949 年的 12.3 倍,玉米单产是 1953 年的 12.6 倍。

第四章　样品采集与分析

第一节　土壤样品的布点与采集

土壤样品采集是搞好配方施肥和耕地地力评价的基础工作，采集有代表性的样品，是使测定结果能如实反映客观情况的先决条件。

一、土壤样品布点

（一）布点要坚持的原则

一是要按规定的密度进行布点；二是要考虑地形、地貌、土壤类型、肥力高低、作物种类等，保证采样点具有典型性和代表性，同时要兼顾空间分布的均匀性；三是蔬菜地要考虑设施类型、蔬菜种类、种植年限等，果园要考虑树龄、长势等，同时要考虑不同时期采样点数的分配。

（二）布设点位图

利用成武县土地利用现状图、土壤图、行政区划图、水利分区图、土壤普查及历次养分调查、农业生产资料统计年报、历年各乡镇化肥施用量等资料，划分全县12处乡镇为项目区。在土壤利用现状图上进行布点，2005～2008年共完成图上布点8200个，其中2005年4000个，2006年2000个，2007年1000个，2008年1200个，同时分乡镇分别布设了点位图。

二、土壤样品采集

土样是多个采集点的混合样品，一个混合土样应在采样单元相对中心位置的典型地块采集，即有代表性的一个农户的一个地块中采集，采样地块面积一般要求在1～10亩。日光温室、塑料大棚里采样要在同一个棚内采集。大田土样采集深度为0～20cm，蔬菜0～25cm，果园为0～40cm。在已确定的田块中心，用GPS定位，向四周辐射采集多个分样点，每个混合土壤样取15个点以上，每个分样点的采土部位、深度、数量要求一致。采样工具用不锈钢土钻，采样时要避开沟渠、林带、田埂、路旁、微地形高低不平地段，要根据采样地块的形状和大小，确定适当的采样方法，长方形地块用“S”法，近似正方形的地块采用棋盘形采样法，采集的各样点土壤要用手掰碎，挑出根系、秸秆、石块、虫体等杂物，充分混匀后，四分法留取1.5kg装入样品袋。用铅笔填写两张标签，土袋内外各具一张。标签主要内容为：野外编号（要与图上及调查表编号相一致）、采样地点、采样深度、采样时间、采样人等。

蔬菜地混合样点的要按照沟、垄面积比例确定沟、垄取土点位的数量。果园一般要在树冠范围内由树干向外的2/3处采集，选择8～10棵，每棵树对角采2点。

测定土壤容重等物理性状，可直接用环刀在各土层中采取。每个样品采集3个环刀样。大田在7～12cm采集，蔬菜地容重样品的采集要选择栽培蔬菜的部位，第一层在10～15cm采集，第二层在35～40cm采集。采取土壤结构性的样品，须注意土壤湿度，不宜过干或过湿，应在不黏铲、经接触不变形时分层采取。在取样过程中须保持土块不受挤压、不变形，尽量保持土壤的原状，如有受挤压变形的部分要弃去。

为确保取土质量，成立了由分管局长为组长，技术骨干为成员的24人田间取土队伍，落实车辆6部，分6组分赴各乡镇现场取样。为确保取土质量和督促取土进度，县农业局分别与小组组长签订了责任状，同时成立了3人的取土技术监督组，每天巡回检查、督促指导，第二天根据上一天交回的采样档案，随机抽查15个，实地查看验收，发现问题及时纠正解决。每隔一天，取土小组组长召开一次碰头会，分析存在的问题，提高取土质量，讨论加快进度的方法和措施。通过全体工作人员的努力，共完成样品采集8056个，其中2005年4088个，2006年2047个，2007年709个，2008年1212个。

在土样采集过程中，需填写“测土配方施肥采样地块基本情况调查表”和“农户施肥情况调查表”2张表格，表格涉及采样地块立地条件、农户施肥管理、产量水平等众多的内容，是指导配方施肥的基础资料，许多因素是配方施肥的依据和耕地地力评价指标，因此，调查表格要认真填写。在调查前要组织野外调查人员认真阅读填表说明，将填表说明分发给每个采样小组，模拟填写，达到理解正确、掌握标准一致时方可进行野外调查工作。为了使布点图上的点位编号与调查表对应，要在调查表格中增加“布点图编号”一栏，填写好的调查表格必须经技术组技术人员审核。

为了获得准确可靠的调查信息，要求户主必须到场，对因按布点图确实找不到户主的，经监督组同意后，可进行合理的变动，同时将新确定的取样点，及时标注在布点图上。在调查过程中，有些农户确实忘记了其施用肥料的品种和含量，由农户回家取出原化肥包装袋，再由调查人员进行核实、确认，然后如实填写。由监督小组审核无误后，方可入档保存。

三、点位筛选

耕地地力评价是测土配方施肥的一项重要内容，用于耕地地力评价的调查点并非越多越好，依据《测土配方施肥技术规范》要求，根据全县农业生产情况、耕地状况、土壤类型、作物布局及产量水平，选择了2260个调查点用于耕地地力评价。

第二节 土壤样品的制备

一、样品制备的目的

从野外取回的土样，经登记编号后，都需经过一个制备过程——风干、磨细、混匀、装瓶，以备各项测定之用。

样品制备的目的如下：

一是剔除土壤以外的侵入体（植物残茬、昆虫、石块等）和新生体（铁锰结核和石灰结核等），以除去非土壤的组成部分。

二是适当磨细，充分混匀，使分析时所称取的少量样品具有较高的代表性，以减少称样误差。

三是全量分析项目，样品需要磨细，以使分解样品的反应能够完全和彻底。

四是使样品可以长期保存，不致因微生物活动而霉坏。

二、新鲜样品的制备

某些土壤的成分如二价铁、硝态氮、铵态氮等在风干过程中会发生显著变化，必须用新鲜样品进行分析。为了能真实地反映土壤在田间自然状态下的某些理化性状，新鲜样品要及时送回进行处理分析，用粗玻璃棒或塑料棒将样品混匀后迅速称样测定。

新鲜样品一般不宜储存，如需要暂时储存，可将新鲜样品装入塑料袋，扎紧袋口，放在冰箱冷藏室进行速冻保存。

三、风干土样样品的制备

从野外采回的土壤样品要及时放在样品盘上，摊成薄薄的一层，置于干净整洁的室内通风处自然风干，严禁暴晒，并注意防止酸、碱等气体及灰尘的污染。风干过程中要经常翻动土样并将大土块捏碎以加速干燥，同时剔除土壤以外的侵入体。

风干后的土样按照不同的分析要求研磨过筛，充分混匀后，装入样品瓶中备用。瓶内外各放标签一张，写明编号、采样地点、土壤名称、采样深度、样品粒径、采样日期、采样人及制样时间、制样人等项目。制备好的样品要妥为储存，避免日晒、高温、潮湿和酸碱等气体的污染。全部分析工作结束，分析数据核实无误后，试样一般还要保存3～12个月，以备查询。少数有价值需要长期保存的样品，须保存于广口瓶中，用蜡封好瓶口。

四、用于一般化学分析的土样样品制备

将风干后的样品平铺在制样板上，并将植物残体、石块等侵入体和新生体剔除干净，细小已断的植物须根，可采用静电吸附的方法清除。可采用土壤样品粉碎机粉碎。压碎的土样要全部通过2mm孔径筛.未过筛的土粒必须重新碾压过筛，直至全部样品通过2mm孔径筛为止。过2mm孔径筛的土样可供pH、盐分、交换性能及有效养分项目的测定。

将通过2mm孔径筛的土样用四分法取出一部分继续碾磨，使之全部通过0.25mm孔径筛，供有机质、全氮、碳酸钙等项目的测定。

五、用于微量元素分析的土样样品制备

用于微量元素分析的土样，其处理方法同一般化学分析样品一样，但在采样、风干、研磨、过筛、运输、储存等诸环节都要特别注意，不要接触金属器具，以防污染，如采样制样使

用木、竹或塑料工具，过筛使用尼龙网筛等。通过 2mm 孔径尼龙筛的样可用于测定土壤有效态微量元素。

六、用于颗粒分析的土壤试样

将风干土样反复碾磨，使之全部通过 2mm 孔径筛。留在筛上的碎石称量后保存，同时将过筛的土壤称量，以计算石砾质量百分数，然后将土样混匀后盛于广口瓶内，用于颗粒分析及其他物理性质测定。若在土壤中有铁锰结核、石灰结核、铁子或半风化体，不能用木棍碾碎，应细心拣出称量保存。

第三节 植株样品的采集与制备

一、植株样品的采集

(一)采集要求

植物样品分析的可靠性受样品数量、采集方法及分析部位影响，因此，采样应具有以下要求：

代表性：采集样品能符合群体情况，采样量一般为 1kg。

典型性：采样的部位能反映所要了解的情况。

适时性：根据研究目的，在不同生长发育阶段定期采样。粮食作物一般在成熟后收获并采集籽实部分及秸秆；发生偶然污染事故时，在田间完整地采集整株植株样品；水果及其他植株样品根据研究确定采样。

(二)采集准备

选择具有采样经验，明确采样方法和要领，对采样区域农业环境情况熟悉的技术人员负责采样，同时要备有采样区域的地形图、土壤分布图、污染源分布图、粮食作物分布图、交通行政图等，准备采样工具、采样袋(布袋、纸袋或塑料袋)、采样记录等。

进行野外实地考察，调查各种环境因素，核实合理布点。发现问题立即纠正并绘制样点分布图，制定采样计划。

(三)粮食作物样品采集

由于粮食作物生长的不均一性，一般采用多点取样，避开田边 2m，按梅花形(适用于采样单元面积小的情况)或“S”形采样法采样。在采样区内采取 10 个样点的样组成一个混合样。采样量根据检测项目而定，籽实样品一般 1kg 左右，装入纸袋或布袋；要采集完整的植株样，可以稍多采些(约 2kg)，用塑料纸包扎好。

(四)棉花样品

棉花样品包括茎秆、空桃壳、叶片、籽棉等部分。样株选择和采样方法参照粮食作物。按样区采集籽棉，第一次采摘后将籽棉放在通透性好的网袋中晾干(或晒干)，以后每次收获时均装入网袋中，每次采摘结束后，将同一取样袋中的籽棉作为该采样区籽棉混合样。

(五)水果样品的采集

在平坦果园中采样时，可采用对角线法布点采样，由采样区的一角向另一角引一对角线，在此线上等距离布设采样点，采样点多少根据采样区域面积、地形及检测目的确定。对于树型较大的果树，采样时应在果树的上、中、下、内、外部及果实着生方位（东南西北）均匀采摘果实1kg左右。将各点采摘的果品进行充分混合，按四分法缩分，根据检验项目要求，最后分取所需份数，每份1kg左右，分别装入袋内，粘贴标签，扎紧袋口。水果样品采摘时要注意树龄、长势、载果数量等。

（六）蔬菜样品的采集

蔬菜品种繁多，按食用部位（器官）可大致分成叶菜、根菜、茎菜、花菜、果菜五类，按需要确定采样对象。

在菜地采样可按对角线或"S"形法布点，采样点不应少于10个，采样量根据样本个体大小确定，一般每个点的采样量不少于1kg。从多个点采集的蔬菜样，按四分法进行缩分，其中个体大的样本，如大白菜可以纵向对称切成4份或8份，取其2份的方法进行缩分，最后分取3份，每份约1kg，分别装入塑料袋，粘贴标签，扎紧袋口。

如需用鲜样进行测定，在采样时，最好连根带土一起挖出，用湿布或塑料袋装，防止萎蔫。采集根部样品时，在抖落泥土时或洗净泥土过程中应尽量保持根系的完整。

（七）标签与调查内容

标签包括采样序号、采样地点、样品名称、采样人、采集时间和样品处理号等。

调查内容包括作物品种、土壤名称（或当地俗称）、成土母质、地形地势、耕作制度、前茬作物产量、化肥农药施用情况、灌溉水源、采样点地理位置简图。果树要记载树龄、长势、载数量等。

植株样品的处理与保存。粮食籽实样品及时晒干脱粒，充分混匀后用四分法缩分至所需量。当需要洗涤时，注意时间不宜过长并及时风干。为了防止样品变质、虫咬，需要定期进行风干处理。使用不污染样品的工具和筛将稻谷去壳制成糙米，把糙米、麦粒、玉米粒等籽实粉碎，过0.5mm筛，制成待测样品。测定重金属元素含量时，不要使用金属器械或如钢制粉碎机、金属筛等，推荐使用竹、木和石质、瓷质、塑料制品。

完整的植株样品先洗干净，根据不同污染物和粮食作物生物学特性差异，采用能反映特征的植株部位，用不污染物和粮食作物生物学特性差异，采用能反映特征的植株部位，用不污染待测元素的工具剪碎样品，充分混匀，用四分法缩分至所需的量，制成鲜样或于60℃烘箱中烘干后粉碎备用。

在田间（或市场）所采集的新鲜水果、蔬菜、烟叶和茶叶样品若不能马上进行分析测定，应暂时放入冰箱保存。

第四节　样品分析与质量控制

一、样品分析

有机质、pH、全氮、有效磷、速效钾等是《规范》规定的必测项目，所有样品必须测试。

缓效钾，《规范》规定为必测项目，暂分析样品量的50％，用于耕地地力评价的全测。

有效钼，《规范》规定选测10％的样品，按农业部规定执行。

土壤交换性钙、镁,《规范》规定 pH<6.5 的样品必测,有酸性土壤的项目暂分析 200 个,一般土壤每项目分析 100 个。

有效硫,《规范》规定为必测项目。

土壤质地,《规范》规定全部样品均需采用手摸测定,室内选取的样品。

碱解氮,《规范》规定为选测项目,分析 50%。

容重,《规范》规定为选测项目,测定 100 个以上。

全钾、全磷、阳离子交换量,《规范》规定选定 10%的样品。

测试方法见表 4-1。

表 4-1

测试项目	测试方法
容重	环刀法
自然含水量	烘干法
田间积水量	环刀法
pH	电位法
有机质	油浴加热重铬酸钾氧化容量法
全氮	凯式蒸馏法
水解氮	碱解扩散法
全磷	氢氧化钠熔融—钼锑抗比色法
有效磷	氟化铵—盐酸侵提—钼锑抗比色法
全钾	氢氧化钠熔、钠熔融—火焰光度计法
缓效钾	硝酸提取—火焰光度计法
速效钾	乙酸铵浸提火焰光度计法
交换性钙	乙酸铵交换—原子吸收分光光度法
交换性镁	乙酸铵交换—原子吸收分光光度法
有效硼	沸水浸提—甲醇铵—H 化色法
有效硅	柠檬酸浸提—硅钼蓝比色法

植株测试:每种作物按高、中、低肥力水平各取 1 组“3414”试验所有处理的样品用于分析化验。

样品采集:粮食作物要采集完整植株约 2kg,小麦全部粉碎,玉米籽粒、秸秆分别粉碎。

化验项目:全氮、全磷、全钾全部分析,其他选测。

化验质量控制:平行控制,每批样品做 20%平行;参比样控制,每批样品都要插参比样。每批或每 50 个样品测一个。参比样测定值应在相应测试项目所规定的置信区间,否则,同批样品该项目检测结果判定为不合格,该项目重新检测。

为加快化验速度，充分发挥工作人员的主观能动性，将人员分为样品处理、分析化验两个组，依据分析项目又将化验组分为5个化验小组，实行分工负责，协调作战，使每天化验土样500项次以上，完成了项目规定的全部土样化验任务。2005～2008年累计化验土样8056个，64569项次，其中有机质8056项次，全氮8056项次，碱解氮5362项次，有效磷8056项次，缓效钾2884项次，速效钾8056项次，pH8056项次，中微量元素13660项次，土壤容重1195项次，水分1188项次。

二、化验室建设与质量控制

化验分析与质量控制，严格按照农业部《测土配方施肥技术规范》的有关规定执行。

成武县农业局现有20间共400m^{2}的化验室。依据工作性质和化验要求，设置了办公室、档案室、样品处理室、样品室、天平室、综合化验室、原子吸收室、有机质室、药品室、综合化验室、氮室、磷室、钾室、蒸馏室、储藏室等多个科室，并分别按要求进行了装修。保证检测工作不受外部环境影响，保证检测的废液、废水等有害物质对周围环境不产生不利影响，保证检测人员的人体健康。为了在项目规定的时间内完成土壤样品的测定分析，根据项目使用的仪器和设备，重新审验了各种化验仪器，淘汰了部分陈旧仪器、设备，配备购置了原子吸收分光光度计、定氮仪、火焰光度计、722分光光度计、分析天平等设备80多台套，具备了项目规定的有机质、全氮、碱解氮、有效磷、速效钾、缓效钾、pH、中微量元素的批量化和规范化分析化验能力，现每天化验土样500项次以上。成武县土肥站原有化验人员8人，项目启动后农业局又从其他股站抽出专业技术骨干6人充实到化验室，使化验人数达到14人。其中有农化专业的4人、农学专业的8人，为提高化验人员的化验技能和整体素质，多次进行技术培训，积极与兄弟县市交流学习，不断提高化验人员的化验能力。

化验室质量控制主要包括室验室内的质量控制和实验室间的质量控制。

(一)实验室内的质量控制

1. 标准溶液的校准。标准溶液分为元素标准溶液和标准滴定溶液两类。应严格按照国家有关标准配置、使用和保存。

2. 空白试验。空白值的大小和分散程度，影响着方法的检测限和结果的精密度。空白试验一般平行测定的相对差值不应大于50%，每个测试批次及重新配置药剂都要增加空白。

3. 精密度控制。精密度一般采用平行测定的允许差来控制。通常情况下，土壤样品作10%～30%的平行。5个样品以下的，应增加为100%的平行。

平行测试结果符合规定的允许差，最终结果以其平均值报出，如果平行测试结果超过规定的允许差，需再加测一次，取符合规定允许差的测定值报出。如果多组平行测试结果超过规定的允许差，应考虑整批重作。

4. 准确度控制。准确度一般采用标准样品作为控制手段。通常情况下，每批样品或每50个样品加测标准样品一个，其测试结果与标准样品标准值的差值，应控制在标准偏差(S)范围内。

5. 干扰的消除或减弱。干扰对检测质量影响极大，应注意干扰的存在并设法排除。

主要方法有以下几种：

(1)可采用物理或化学方法分离被测物质或除去干扰物质；

(2)利用氧化还原反应，使试液中的干扰物转化为不干扰的形态；

(3)加入络合剂掩蔽干扰离子；

(4)采用有机溶剂的萃取及反萃取消除干扰；

(5)采用标准加入法消除干扰；

(6)采用其他分析方法避开干扰。

6. 其他措施(略)

(二)实验室间的质量控制

实验室内的质量控制除上述日常工作外，还需要由质量管理人员对检测结果的准确度、重复性和复现性进行控制，对检测结果的合理性进行判断。

实验室间的质量控制是一种外部质量控制，可以发现系统误差和实验室间数据的可比性，可以评价实验室间的测试系统和分析能力，是一种有效的质量控制方法。

实验室间质量控制的主要方法为能力验证，即由主管单位统一发放质控样品，统一编号，确定分析项目、分析方法及注意事项等，各实验室按要求时间完成并报出结果，主管单位根据考核结果给出优秀、合格、不合格等能力验证结论。

第五章　土壤养分状况及评价

作物生长发育需要阳光、温度、空气、水分和养分，土壤养分是作物生长的物质基础，其含量的多少是土壤肥力因素中最重要的因素。土壤肥力就是作物在生长发育过程中，土壤不断调节和供应水分、养分、空气与热量的能力。土壤养分丰缺程度是影响作物产量和品质的重要因子，是指导科学施肥的依据。

本次耕地地力评价共化验分析耕层土样 2260 个，获取了大量调查数据。

第一节　土壤 pH 和有机质

一、土壤 pH

成武县地处黄泛平原，成土母质为黄河冲积物，由黄河从上游黄土高原携带大量泥沙沉积而成，黄土富含钙质，故成武县土壤石灰反应强烈，pH 呈中性或微碱性。

(一)耕层土壤 pH 分级及面积

耕地土壤 pH 平均为 7.92，变幅为 7.50～8.45，分级及面积见表 5-1。

表 5-1　　耕层土壤 pH 分级及面积

级别	1	2	3	4	5
范围	<7.8	7.8～7.9	7.9～8.0	8.0～8.1	>8.1
耕地面积(hm^2)	759.6	11823.7	48455.0	796.9	4831.5
占耕地比例(%)	1.1	17.7	72.7	1.2	7.2
主要分布区域	成武镇、党集北、汶上	汶上、党集、白浮东南、成武镇	天宫、九女、党集、南鲁	伯乐、苟村、孙寺、白浮、张楼、田集	孙寺、张楼

全县土壤呈中性或微碱性，要注意增施有机肥，施用生理酸性肥料，不宜施用碱性肥料。

(二)不同轮作模式土壤 pH 状况

全县典型的种植制度是小麦—玉米，其次是大蒜—棉花和油(芸)豆—棉花等，其不同轮作模式土壤 pH 状况见表 5-2。

表 5-2 不同轮作模式土壤 pH 状况

轮作模式	平均值	最大值	最小值	标准差	变异系数
小麦—玉米	7.93	8.45	7.50	0.15	1.89
蔬菜—棉花	7.90	8.40	7.50	0.16	2.02

注：大蒜—棉花、油(芸)豆—棉花统称蔬菜—棉花。下同。

小麦—玉米轮作田略高于蔬菜—棉花轮作田，因为土壤 pH 除决定成土母质外，不合理的施肥对土壤 pH 也有很大影响，研究表明，施氮量与土壤 pH 呈负相关关系。据调查蔬菜—棉花田化肥施用量是小麦—玉米田的 3～5 倍，部分菜农还存在着施用生鲜有机肥或半腐熟有机肥的现象，使蔬菜—棉花田 pH 降低。

(三)不同土壤类型 pH 状况

全县土壤耕层质地分为砂壤、轻壤、中壤、重壤四种类型，不同土壤类型 pH 状况见表 5-3。

表 5-3 不同土壤类型土壤 pH 状况

土壤类型	平均值	最大值	最小值	标准差	变异系数
砂壤	7.94	8.35	7.54	0.15	1.89
轻壤	7.92	8.40	7.50	0.15	1.89
中壤	7.92	8.45	7.50	0.16	2.02
重壤	7.98	8.19	7.50	0.15	1.88

二、土壤有机质

(一)耕层土壤有机质分级及面积

全县耕地土壤有机质平均为 11.9g/kg，变幅为 5.0～23.1g/kg，含量为11～13g/kg 的面积占 58.5%，含量小于 10g/kg 的面积占 5.3%，有机质含量及分级见表 5-4。

表 5-4 耕层土壤有机质分级及面积

级别	1	2	3	4	5
范围	>13	12～13	11～12	10～11	<10
耕地面积(hm^2)	12734.8	18069.9	20965.0	11369.8	3527.3
占耕地比例(%)	19.1	27.1	31.4	17.1	5.3
主要分布区域	孙寺、天宫西北、伯乐、成武镇西北	孙寺、天宫、九女、伯乐、成武、苟村	张楼、白浮、田集、南鲁、汶上、党集、苟村北部	白浮、张楼、田集、南鲁、汶上、苟村	白浮、张楼、田集、南鲁、汶上

(二)不同轮作模式土壤有机质含量状况

小麦—玉米田有机质比蔬菜—棉花田高 1.1g/kg，不同轮作模式土壤有机质含量状况见表 5-5。

表 5-5 不同轮作模式土壤有机质含量状况

轮作模式	平均值	最大值	最小值	标准差	变异系数
小麦—玉米	12.3	23.1	5.1	2.40	19.51
蔬菜—棉花	11.2	22.6	5.7	2.00	17.85

(三)不同土壤类型有机质含量状况

土壤有机质含量与质地关系明显，砂壤、轻壤、中壤、重壤有机质含量依次增加，不同土壤类型有机质含量状况见表 5-6。

表 5-6 不同土壤类型土壤有机质含量状况

土壤类型	平均值	最大值	最小值	标准差	变异系数
砂壤	11.5	19.9	5.0	2.30	20.00
轻壤	11.8	17.0	5.3	2.30	19.49
中壤	12.2	21.9	5.4	2.35	19.26
重壤	12.7	23.1	8.9	2.44	19.22

(四)土壤有机质含量状况综述

1. 全县土壤有机质含量属中等偏低水平。

2. 从区域分布来看，东部乡镇如田集、张楼、白浮等土壤有机质含量较低，其他乡镇相对较高。全县蔬菜—棉花轮作模式主要集中在田集、张楼、白浮三乡镇，秸秆资源贫乏(棉花秸秆主要用于烧柴或生物发电厂收购)，虽然商品有机肥投入量远远高于粮田，但由于保护地栽培(地膜覆盖)，有机质矿化速度快，从而提升缓慢。而粮田种植制度以小麦—玉米为主，秸秆资源丰富，近几年通过有机质提升项目的实施，小麦机收面积占其播种面积的 95%以上，留茬高度在 28cm 以上，剩余麦秸有 70%左右直接还田或堆沤还田，玉米秸秆机械粉碎直接还田占其播种面积的 90%以上。致使粮田比蔬菜—棉花轮作田平均高 1.1g/kg。

3. 土壤有机质含量最初决定于成土母质，全县为黄土母质，总体有机质含量偏低，在其形成过程中遵循“紧砂、慢淤，不紧不慢出两合”的沉积规律。使淤土的有机质含量明显高于两合土和砂土，从表 5-6 不同土壤类型有机质含量状况看，重壤有机质高于中壤、轻壤、砂壤，虽然经过人类的长期耕作，和其他自然条件及人为措施的干预，但全县耕层质地土壤有机质含量没有发生根本变化。

4. 土壤有机质含量取决于年生成量和年矿化量的相对大小，当生成量大于矿化量时，有机质含量会逐步增加，反之，将会逐步降低。土壤有机质矿化量主要受土壤温度、湿度、通气状况、有机质含量等因素影响。一般来说，土壤温度低、通气性差、湿度大时，土壤有机质矿化量较低；相反，土壤温度高、通气性好、湿度适中时，则有利于土壤有机质的矿化。农业生产中应注意创造条件，减少土壤有机质矿化量。保护地栽培条件下，土壤长期处于高温、多湿条件，有机质易矿化，含量提高缓慢，这是有机质含量偏低的一个主要原因，适时通风降温，减少盖膜时间将有利于土壤有机质的积累。

5. 增加有机物质施入量是人为增加土壤有机质含量的主要途径，其方法主要有秸秆还田、增施有机肥、施用有机无机复混肥三种。

第二节 土壤大量元素状况

一、土壤全氮

(一)耕地土壤全氮含量及分级

全县土壤全氮平均含量为 0.836g/kg，变幅为 0.456～1.405g/kg，含量 0.8～0.9g/kg 的占 58.3%，土壤全氮含量及分级见表 5-7。

表 5-7　耕层土壤全氮分级及面积

级别	1	2	3	4	5
范围	>1.0	0.9～1.0	0.8～0.9	0.7～0.8	<0.7
耕地面积(hm^2)	507.8	8299.7	38888.9	17481.3	1488.5
占耕地比例(%)	0.8	12.4	58.3	26.2	2.2
主要分布区域	孙寺、天宫、荀村、九女	天宫、孙寺、九女、荀村	汶上、伯乐、九女、荀村、南鲁	白浮、张楼、田集、党集	张楼北、南鲁西、荀村西

(二)不同轮作模式土壤含氮量状况

小麦—玉米轮作模式和蔬菜—棉花轮作模式土壤全氮含量见表 5-8。

表 5-8　不同轮作模式土壤全氮含量状况

轮作模式	平均值	最大值	最小值	标准差	变异系数
小麦—玉米	0.844	1.405	0.456	0.15	17.77
蔬菜—棉花	0.817	1.250	0.463	0.15	18.36

(三)不同土壤类型全氮含量状况

从不同土壤耕层质地土壤全氮含量分布来看，重壤、中壤、轻壤、砂壤全氮含量依次减少。见表 5-9。

表 5-9　不同土壤类型土壤全氮含量状况

土壤类型	平均值	最大值	最小值	标准差	变异系数
砂壤	0.821	1.170	0.463	0.14	17.05
轻壤	0.830	1.272	0.463	0.15	18.07
中壤	0.845	1.405	0.456	0.15	17.51
重壤	0.855	1.170	0.529	0.13	15.21

二、土壤碱解氮

(一)耕层土壤碱解氮分级及面积

全县土壤碱解氮平均含量为 61mg/kg,总体为偏低水平,变幅为 23～116mg/kg,碱解氮含量在 50～60mg/kg 的面积占 31.4%,主要分布在白浮、张楼、田集、苟村等乡镇。其含量及分级面积见表 5-10。

表 5-10 耕层土壤碱解氮分级及面积

级别	1	2	3	4	5	6
范围	＞60	50～60	40～50	30～40	20～30	＜20
耕地面积(hm²)	8369.4	20913.0	12511.7	6111.6	10345.1	8415.9
占耕地比例(%)	12.6	31.4	18.8	9.2	15.5	12.6
主要分布区域	白浮、田集、苟村	白浮、张楼、田集、苟村、九女	天宫、孙寺、九女、伯乐、南鲁	张楼、白浮、田集、九女、汶上北	南鲁、党集、汶上、成武、孙寺	党集、成武、南鲁、孙寺

(二)不同轮作模式土壤碱解氮含量状况

小麦—玉米轮作和蔬菜—棉花轮作土壤碱解氮含量基本一致,可能的原因是蔬菜—棉花轮作虽然在种植大蒜和油(芸)豆时投入了大量的肥料,但是在第二茬种植棉花时都很少施肥,据调查有 40%的农民根本不施肥,加上多次大水漫灌,地表冲施,氮素挥发、流失严重;而小麦—玉米轮作两季都施肥,虽然用肥量比蔬菜—棉花少,但沟施和深施的多,最终导致两种模式的土壤碱解氮含量大致相当。见表 5-11。

表 5-11 不同轮作模式土壤碱解氮含量状况

轮作模式	平均值	最大值	最小值	标准差	变异系数
小麦—玉米	61	116	23	14	22.95
蔬菜—棉花	60	109	24	14	23.33

(三)不同土壤类型碱解氮含量状况

砂壤、轻壤、中壤、重壤四种质地的碱解氮含量无明显差异,见表 5-12。

表 5-12 不同土壤类型土壤碱解氮含量状况

土壤类型	平均值	最大值	最小值	标准差	变异系数
砂壤	60	107	23	14	23.33
轻壤	61	109	24	14	22.95
中壤	61	116	24	14	22.95
重壤	62	98	43	13	20.97

三、土壤有效磷

(一)耕层土壤有效磷含量及分级

土壤有效磷含量高低是衡量土壤肥力水平的重要标志,全县平均含量为23.5mg/kg,属中等偏低水平,变幅为5.1～78.7mg/kg,有效磷含量在16～30mg/kg,占77.9%,小于16mg/kg的占13.4%,部分地块需要补充磷肥。有效磷分级及面积见表5-13。

表5-13 耕层土壤有效磷分级及面积

级别	1	2	3	4	5	6
范围	>40	30～40	20～30	16～20	10～16	<10
耕地面积(hm^2)	107.4	5257.7	13831.7	38132.3	8598.1	739.4
占耕地比例(%)	0.2	7.9	20.7	57.2	12.3	1.1
主要分布区域	成武镇、苟村南、孙寺	汶上东、伯乐北、九女南、孙寺、白浮南	孙寺、天宫、九女、党集、伯乐、南鲁、苟村、白浮南	白浮、田集、党集、南鲁、九女、天宫	张楼、田集、汶上西北、九女北	张楼、汶上西北、九女北

有效磷含量在16～30mg/kg,占77.9%,低于16mg/kg的占13.4%,部分地块需要补充磷肥。

(二)不同轮作模式土壤有效磷含量状况

蔬菜—棉花轮作土壤有效磷含量比小麦—玉米轮作高4.1mg/kg,同一轮作模式土壤有效磷含量差异都较大,变异系数在50%左右,应根据其区域分布,对缺磷地块及时补充磷肥。见表5-14。

表5-14 不同轮作模式土壤有效磷含量状况

轮作模式	平均值	最大值	最小值	标准差	变异系数
小麦—玉米	22.4	78.7	5.1	11.86	52.95
蔬菜—棉花	26.5	76.3	5.1	11.88	44.83

(三)不同土壤类型有效磷含量状况

耕层不同质地土壤有效磷含量差别不大,但同一质地之间土壤有效磷含量差异大,变异系数都在50%以上。见表5-15。

表 5-15　　不同土壤类型土壤有效磷含量状况

土壤类型	平均值	最大值	最小值	标准差	变异系数
砂壤	25.9	77.3	5.3	13.13	50.70
轻壤	23.4	78.7	5.1	11.80	50.43
中壤	22.9	76.6	5.1	11.71	51.14
重壤	24.3	55.1	6.1	14.04	57.78

四、土壤缓效钾

(一)耕层土壤缓效钾含量及分级

全县耕层土壤缓效钾平均含量为 974mg/kg,变幅为 500～1481mg/kg,其含量及分级面积见表 5-16。

表 5-16　　耕层土壤缓效钾分级及面积

级别	1	2	3	4	5
范围	>800	600～800	400～600	200～400	<200
耕地面积(hm^2)	5073.2	14222.0	21228.5	17517.5	8625.6
占耕地比例(%)	7.6	2.1	31.8	26.3	12.9
主要分布区域	党集、九女、南鲁、张楼、张楼北、孙寺	党集、南鲁、九女、孙寺、张楼北	白浮、张楼、田集、伯乐、九女南	白浮、田集、苟村、九女、汶上、成武镇	汶上西、白浮南、成武镇、汶上西

(二)不同轮作模式土壤缓效钾含量状况

两种轮作模式土壤缓效钾含量状况见表 5-17。

表 5-17　　不同轮作模式土壤缓效钾含量状况

轮作模式	平均值	最大值	最小值	标准差	变异系数
小麦—玉米	969	1481	500	163	16.82
蔬菜—棉花	982	1429	691	149	15.17

(三)不同土壤类型土壤缓效钾含量状况

砂壤、轻壤、中壤、重壤四种质地缓效钾含量见表 5-18。

表 5-18　　不同土壤类型土壤缓效钾含量状况

土壤类型	平均值	最大值	最小值	标准差	变异系数
砂壤	996	1481	650	168	16.84
轻壤	964	1474	596	154	15.98
中壤	979	1474	500	161	16.45
重壤	965	1130	724	122	12.64

五、土壤速效钾

(一)耕层土壤速效钾含量及分级

全县耕层土壤速效钾含量为124mg/kg,变幅为48～458mg/kg,其含量分级及面积见表5-19

表5-19 耕层土壤速效钾分级及面积

级别	1	2	3	4	5	6	7
范围	>180	160～180	140～160	120～140	100～120	80～100	<80
耕地面积(hm^2)	642.8	6785.4	22302.1	26002.2	7199.8	3078.4	656.2
占耕地比例(%)	1.0	10.2	33.5	39.0	10.8	4.6	1
主要分布区域	天宫东南、九女北	孙寺南、九女北、苟村西、汶上北、天宫东南	九女南、伯乐南、孙寺、苟村、汶上北、白浮东南、天宫东南、田集东北	白浮、田集、张楼、党集、伯乐北、南鲁东、天宫西北	白浮、党集、成武镇东南	白浮北、张楼东、党集东、田集北、成武镇西北	白浮北、党集东、田集北、成武镇西北

速效钾含量在100mg/kg以上占94.4%,从区域分布来看,中、西部乡镇速效钾含量相对较高,东部乡镇速效钾含量相对偏低。

(二)不同轮作模式土壤速效钾含量状况

从两种轮作模式土壤速效钾含量比较看,同一轮作模式之间差异都较大。小麦—玉米轮作模式土壤速效钾含量最大值比最小值高近10倍。应根据其区域分布和丰缺指标制定有针对性的补钾方案。见表5-20。

表5-20 不同轮作模式土壤速效钾含量状况

轮作模式	平均值	最大值	最小值	标准差	变异系数
小麦—玉米	121	458	48	38.55	31.86
蔬菜—棉花	130	291	49	35.99	27.68

(三)不同土壤类型土壤速效钾含量状况

土壤速效钾含量与质地类型呈正相关,砂壤、轻壤、中壤、重壤四种质地速效钾含量依次增加,同一质地之间速效钾含量差异较大。见表5-21。

表5-21 不同土壤类型土壤速效钾含量状况

土壤类型	平均值	最大值	最小值	标准差	变异系数
砂壤	119	291	51	37.17	31.24
轻壤	121	458	48	37.89	31.31
中壤	128	300	48	37.40	29.22
重壤	144	326	61	59.16	41.08

第三节 土壤微量元素状况

一、土壤有效锌

（一）土壤有效锌含量分级及面积

全县耕层土壤有效锌平均含量为 0.99mg/kg，变幅为 0.10～4.08mg/kg，含量分级及面积见表 5-22。

表 5-22 耕层土壤有效锌分级及面积

级别	1	2	3	4	5
范围	＞1.5	1.0～1.5	0.7～1.0	0.5～0.7	＜0.5
水平	丰富	较丰富	中等	缺乏	极缺
耕地面积（hm^2）	3241.6	20651.4	33306.4	9209.3	258.0
占耕地比例（%）	4.9	31.0	50.0	13.8	0.4
主要分布区域	孙寺、苟村、南鲁、伯乐、田集北	张楼、田集、苟村、南鲁、伯乐、孙寺	汶上、九女、天宫、党集、白浮	九女、党集、白浮、汶上、成武镇	白浮西南、成武西北、天宫西北、汶上北

从有效锌含量来看，中等以上含量的面积占 85.8%，缺锌面积占 14.2%，此类地块应注意锌肥的施用，特别是玉米要注意补锌。

（二）不同轮作模式土壤有效锌含量状况

两种轮作模式之间土壤有效锌含量无明显差异，同一轮作模式之间差异变幅较大。见表 5-23。

表 5-23 不同轮作模式土壤有效锌含量状况

轮作模式	平均值	最大值	最小值	标准差	变异系数
小麦—玉米	0.9610	3.9819	0.1030	0.56	58.27
蔬菜—棉花	1.0228	4.0800	0.3200	0.60	58.66

（三）不同土壤类型土壤有效锌含量状况

砂壤、轻壤、中壤、重壤四种质地之间土壤有效锌含量平均值无明显差异，在同一耕层质地之间有效锌含量差异较大，尤其是重壤变异系数达 80.27%，见表 5-24。应根据土壤有效锌的区域分布及丰缺状况，制定补锌方案。

表 5-24 不同土壤类型土壤有效锌含量状况

土壤类型	平均值	最大值	最小值	标准差	变异系数
砂壤	0.9296	3.3300	0.3700	0.53	57.01
轻壤	1.0030	4.0800	0.1030	0.58	57.36
中壤	0.9892	4.0800	0.3200	0.58	58.63
重壤	0.9344	4.0800	0.3700	0.75	80.27

二、土壤有效硼

(一)耕层土壤有效硼分级及面积

耕层土壤有效硼含量为 0.6mg/kg,含量范围为 0.1～3.95mg/kg,含量分级及面积见表 5-25。

表 5-25 耕层土壤有效硼分级及面积

级别	1	2	3	4	5
范围	>0.8	0.7～0.8	0.6～0.7	0.5～0.6	<0.5
水平	较丰富	中等	较缺	缺乏	极缺
耕地面积(hm^2)	4394.3	6595.5	17249.3	22715.6	15712.0
占耕地比例(%)	6.6	9.9	25.9	34.1	23.6
主要分布区域	南鲁西南、天宫、伯乐西、党集南、伯浮东南、汶上西、田集北	南鲁西南、天宫、田集北、成武镇南、苟村西北	天宫、孙寺、成武镇西北	九女、苟村、汶上、党集	白浮、张楼、田集、九女、伯乐

从表 5-9 可以看出,全县缺硼面积占 84.5%,极缺面积占 23.6%,在生产中必须重视硼肥的施用,尤其是棉花、蔬菜更应注意施硼。

(二)不同轮作模式土壤有效硼含量状况

蔬菜—棉花轮作土壤有效硼含量略低于小麦—玉米轮作,同一轮作模式之间最大值与最小值差异悬殊,变异系数大。见表 5-26。

表 5-26 不同轮作模式土壤有效硼含量状况

轮作模式	平均值	最大值	最小值	标准差	变异系数
小麦—玉米	0.61	3.95	0.10	0.33	54.1
蔬菜—棉花	0.57	3.78	0.10	0.35	61.4

(三)不同土壤类型土壤有效硼含量状况

不同土壤质地之间有效硼含量平均值基本相同,同一质地之间变异系数较大。见表 5-27。

表 5-27 不同土壤类型土壤有效硼含量状况

土壤类型	平均值	最大值	最小值	标准差	变异系数
砂壤	0.60	3.78	0.10	0.36	59.93
轻壤	0.59	3.95	0.10	0.34	57.63
中壤	0.61	2.70	0.10	0.32	52.46
重壤	0.60	1.30	0.12	0.29	48.33

三、土壤有效锰

(一)土壤有效锰含量分级及面积

耕层土壤有效锰含量平均为4.21mg/ kg,变幅为0.36～11.14mg/kg,其含量与分级见表5-28。

表 5-28 耕层土壤有效锰分级及面积

级别	1	2	3	4	5
范围	＞8	6～8	4～6	2～4	＜2
水平	较缺乏	较缺乏	缺乏	极缺	极缺
耕地面积(hm^2)	644.6	11653.7	34255.9	15988.9	4123.6
占耕地比例(%)	1.0	17.5	51.4	24.0	6.2
主要分布区域	伯乐、九女、苟村	伯乐、九女、苟村、城关、南鲁、田集	南鲁、田集、伯乐、九女、孙寺、城关、张楼	汶上、党集、白浮、天宫、苟村、田集、九女	党集、白浮、汶上、苟村、天宫

由分析可以看出,全县普遍缺锰,锰含量普遍较低,生产上必须重视锰肥的使用。

(二)不同轮作模式土壤有效锰含量状况

两种轮作模式土壤有效锰含量状况见表5-29。

表 5-29 不同轮作模式土壤有效锰含量状况

轮作模式	平均值	最大值	最小值	标准差	变异系数
小麦一玉米	4.2488	11.1400	0.3579	2.68	63.08
蔬菜一棉花	4.1092	11.1400	0.3579	2.76	67.17

(三)不同土壤类型土壤有效锰含量状况(表5-30)

表 5-30 不同土壤类型土壤有效锰含量状况

土壤类型	平均值	最大值	最小值	标准差	变异系数
砂壤	4.1706	11.1400	0.4400	2.62	62.82
轻壤	4.3483	10.7000	0.3579	2.78	63.94
中壤	4.0350	10.8700	0.3579	2.63	65.18
重壤	4.7233	10.7000	0.6613	2.86	60.55

四、土壤有效铜

(一)土壤有效铜含量分级及面积

耕层土壤有效铜含量平均为0.531mg/kg,变幅为0.13～2.93mg/kg,其含量与分级见表5-31。

表5-31 耕层土壤有效铜分级及面积

级别	1	2	3	4	5
范围	>0.8	0.7～0.8	0.6～0.7	0.5～0.6	<0.5
水平	较丰富	中等	中等	中等	缺乏
耕地面积(hm^2)	1899.9	5724.7	16352.7	29480.7	13208.8
占耕地比例(%)	2.8	8.6	24.5	44.2	19.5
主要分布区域	田集西、伯乐西、白浮、成武东南	苟村、南鲁、伯乐、田集	田集、南鲁、伯乐、成武镇	田集、南鲁、孙寺、苟村、天宫、汶上	党集、九女、白浮、张楼、成武

全县有效铜含量缺乏面积占19.5%,主要分布在党集、九女、白浮、张楼、成武镇等乡镇,应注意适当补铜。

(二)不同轮作模式土壤有效铜含量状况

两种轮作模式土壤有效铜含量无明显差异,同一轮作模式之间变异系数较大。见表5-32。

表5-32 不同轮作模式土壤有效铜含量状况

轮作模式	平均值	最大值	最小值	标准差	变异系数
小麦—玉米	0.5299	2.7508	0.1308	0.23	43.40
蔬菜—棉花	0.5218	2.9339	0.1308	0.24	45.99

(三)不同土壤类型土壤有效铜含量状况

砂壤、轻壤、中壤、重壤四种质地有效铜含量平均值略有差异,但同一质地之间变异系数较大。见表5-33。

表5-33 不同土壤类型土壤有效铜含量状况

土壤类型	平均值	最大值	最小值	标准差	变异系数
砂壤	0.5025	2.9339	0.1308	0.27	53.73
轻壤	0.5311	1.8438	0.1308	0.23	42.46
中壤	0.5310	1.8438	0.1308	0.22	41.43
重壤	0.4680	1.0069	0.2406	0.17	36.32

五、土壤有效铁

(一)土壤有效铁含量分级及面积

全县土壤有效铁含量平均为3.65mg/kg,变幅为0.57～13.93mg/kg,其含量与分级见表5-34

表5-34 耕层土壤有效铁分级及面积

级别	1	2	3	4
范围	＞6	4～6	2～4	＜2
耕地面积(hm^2)	3311.3	18853.4	41120.4	3381.6
占耕地比例(%)	5.0	28.3	61.7	5.1
主要分布区域	成武镇、伯乐北、田集、张楼	孙寺、张楼、九女、成武镇	白浮、田集、党集、南鲁、汶上、天宫	九女南、南鲁南、伯乐、苟村

由上表可以看出我县耕地缺铁面积占67.8%,最高含量仅为13.93mg/kg,应重视铁肥的施用。

(二)不同轮作模式土壤有效铁含量状况

两种轮作模式土壤有效铁含量无明显差异,同一轮作模式之间变异系数较大。见表5-35。

表5-35 不同轮作模式土壤有效铁含量状况

轮作模式	平均值	最大值	最小值	标准差	变异系数
小麦—玉米	3.6050	13.9300	0.6886	2.51	69.63
蔬菜—棉花	3.7170	13.9300	0.5732	2.52	67.8

(三)不同土壤类型土壤有效铁含量状况

砂壤、轻壤、中壤、重壤四种质地土壤有效铁含量见表5-36。

表5-36 不同土壤类型土壤有效铁含量状况

土壤类型	平均值	最大值	最小值	标准差	变异系数
砂壤	3.5066	40.1060	0.7841	2.41	68.73
轻壤	3.8479	13.9300	0.5732	2.61	67.83
中壤	3.4454	13.4830	0.6346	2.42	70.24
重壤	3.3278	10.1980	0.9782	2.62	78.73

第二节 土壤主要物理性状

物理性状直接影响土壤水、肥、气、热,是决定耕地地力的重要因素。它主要包括土壤质地、土壤厚度、剖面构型、土壤容重、总孔隙度、田间持水量等方面。

一、土壤质地

全县土壤质地包括砂壤、轻壤、中壤、重壤四种类型，见表5-37。

表5-37 耕层质地分级及面积

质地类型	砂壤	轻壤	中壤	重壤
耕地面积(hm^2)	6591.33	31449.64	27940.57	685.15
占耕地比例(%)	9.89	47.17	41.91	1.03
主要分布区域	汶上、成武、孙寺、田集、九女、天宫、南鲁、党集	分布在全县各个乡镇	分布在全县各个乡镇	汶上、成武、孙寺

土质以轻壤和中壤为主，轻壤和中壤占总耕地面积的89.08%，砂壤占9.89%，重壤占1.03%。砂壤土土壤疏松，易耕作，但保水保肥能力弱，养分含量低，没后劲，易拿苗，不发苗，作物生长不良，产量较低，应注意增施有机肥、钾肥和微肥；轻壤土质地较松，耕性良好，通透性好，抗涝不抗旱，养分含量中等，保肥保水性能较差，易拿苗，但生长无后劲，产量偏低；中壤土适耕期长，耕性良好，通透性和保肥保水能力适中，供肥性能好，不黏不硬，抗旱抗涝，土壤水、肥、气候状况协调，适种各类农作物；重壤土主要分布在汶上、成武镇、孙寺等乡镇，土壤质地黏重，养分含量较高，保肥性强，不发小苗，有后劲，但耕性差、有湿黏、干硬现象，影响作物生长，应注意客土改良。

二、土体构型

土体构型主要有壤均质、壤质砂心、壤质黏心、砂均质、砂质黏心五种类型，以壤质黏心占的面积最大，其次是壤质砂心和壤均质，见表5-38。

表5-38 土体构型分级及面积

土体构型类型	壤均质	壤质砂心	壤质黏心	砂均质	砂质黏心
耕地面积(hm^2)	13986.65	18893.48	29664.8	3733.40	386.66
占耕地比例(%)	20.98	28.34	44.5	5.6	0.58

壤均质：全剖面土体深厚，土壤质地上下各层均一，包括均质轻壤、均质中壤、均质重壤三种。均质轻壤全剖面为壤土，质地适中、耕性良好、保水保肥；均质中壤全剖面多为淤土，自然肥力较高；均质重壤剖面为重壤土、黏土，质地黏重，耕性差，难耕耙。

壤质砂心：表层为两合土或淤土，20～60cm土体内有大于30cm厚的砂土层。

壤质黏心：表层为两合土或淤土，20～60cm处有大于30cm的黏土层。

砂均质：全剖面为砂壤土，养分含量较低，漏肥漏水，地无后劲。

砂质黏心：表层为砂壤土，60～100cm有大于30cm的黏土层。

三、土壤容重

土壤容重是土壤松紧程度和耕性好坏的标志之一，容重在1.00～1.35g/cm^3的较为适宜，全县耕层土壤容重平均为 1.55g/cm³，容重与质地有密切关系，耕层轻壤土平均容重 1.37g/cm³，中壤土 1.58g/cm³，重壤土 1.67g/cm³，同一质地耕种历史、土壤熟化程度以及施肥尤其是秸秆还田量不同，容重也有善异，耕种历史长，土壤熟化程度高，秸秆还田量大的土壤容重小，反之大（见表 5-39 和表 5-40）。

表 5-39 不同轮作模式土壤容重状况

轮作模式	平均值	最大值	最小值	标准差	变异系数
小麦—玉米	1.57	1.78	1.41	0.07	4.46
蔬菜—棉花	1.56	1.75	1.41	0.07	4.49

表 5-40 不同土壤类型土壤容重状况

土壤类型	平均值	最大值	最小值	标准差	变异系数
砂壤	1.46	1.65	1.41	0.03	2.05
轻壤	1.53	1.67	1.45	0.02	1.31
中壤	1.64	1.75	1.45	0.03	1.83
重壤	1.75	1.78	1.71	0.01	0.57

第六章　耕地地力评价

耕地是土地的精华，是农业生产中不可替代的重要生产资料，是保持社会和国民经济可持续发展的重要资源。保护耕地是我国的基本国策之一，因此，及时掌握耕地资源的数量、质量及其变化对于合理规划、利用耕地和切实保护耕地有十分重要的意义。在全面的野外调查和室内化验分析获取大量耕地地力相关信息的基础上，进行了菏泽市成武县耕地地力的综合评价，评价结果对于摸清全县耕地地力的现状及问题，为耕地资源的高效和可持续利用提供了重要的科学依据。

第一节　耕地地力评价方法

一、评价原则依据

(一)评价的原则

耕地地力就是耕地的生产能力，是在一定区域内、一定的土壤类型上，耕地的土壤理化性状、所处自然环境条件、农田基础设施及耕作施肥管理水平等因素的总和。根据评价的目的要求，在成武县耕地地力评价中，应遵循以下基本原则：

1.综合因素研究与主导因素分析相结合原则

土地是一个自然经济综合体，是人们利用的对象，对土地质量的鉴定涉及自然和社会经济多个方面，耕地地力也是各类要素的综合体现。所谓综合因素研究是指对地形地貌、土壤理化性状、相关社会经济因素之总体进行全面的研究、分析与评价，以全面了解耕地地力状况。主导因素是指对耕地地力起决定作用的、相对稳定的因子，在评价中要着重对其进行研究分析。因此，把综合因素与主导因素结合起来进行评价则可以对耕地地力作出科学准确的评定。

2.共性评价与专题研究相结合原则

成武县耕地利用存在水浇地、旱地等多种类型，土壤理化性状、环境条件、管理水平等不一，因此耕地地力水平有较大的差异。考虑区域内耕地地力的系统性、可比性，针对不同的耕地利用等状况，应选用统一的共同的评价指标和标准，即耕地地力的评价不针对某一特定的利用类型。另一方面，为了解不同利用类型的耕地地力状况及其内部的差异情况，则对有代表性的主要类型进行专题的深入研究。这样，共性评价与专题研究相结合，使整个的评价和研究具有更大的应用价值。

3. 定量和定性相结合的原则

土地系统是一个复杂的灰色系统，定量和定性要素共存，相互作用，相互影响。因此，为了保证评价结果的客观合理，宜采用定量和定性评价相结合的方法。在总体上，为了保证评价结果的客观合理，尽量采用定量评价方法，对可定量化的评价因子，如有机质等养分含量、土层厚度等按其数值参与计算，对非数量化的定性因子，如土壤表层质地、土体构型等则进行非量化处理，确定其相应的指数，并建立评价数据库，以计算机进行运算和处理，尽量避免人为随意性因素影响。在评价因素筛选、权重确定、评价标准、等级确定等评价过程中，尽量采用定量化的数学模型，在此基础上充分运用人工智能和专家知识，对评价的中间过程和评价结果进行必要的定性调整，定量与定性相结合，从而保证了评价结果的准确合理。

4. 采用 GIS 支持的自动化评价方法原则

自动化、定量化的土地评价技术方法是当前土地评价的重要方向之一。近年来，随着计算机技术，特别是 GIS 技术在土地评价中的不断应用和发展，基于 GIS 的自动化评价方法已不断成熟，使土地评价的精度和效率大大提高。本次耕地地力评价工作将通过数据库建立、评价模型及其与 GIS 空间叠加等分析模型的结合，实现了全数字化、自动化的评价流程，在一定的程度上代表了当前土地评价的最新技术方法。

（二）评价的依据

耕地地力是耕地本身的生产能力，因此耕地地力的评价应依据与此相关的各类自然和社会经济要素，具体包括三个方面：

1. 耕地地力的自然环境要素。包括耕地所处的地形地貌条件、水文地质条件、成土母质条件以及土地利用状况等。

2. 耕地地力的土壤理化要素。包括土壤剖面与土体构型、耕层厚度、质地、容重等物理性状，有机质、N、P、K 等主要养分，微量元素，pH，交换量等化学性状等。

3. 耕地地力的农田基础设施条件。包括耕地的灌排条件、水土保持工程建设、培肥管理条件等。

二、评价流程

整个评价按先后的次序可分为三个方面的主要内容：

1. 资料工具准备及数据库建立。即根据评价的目的、任务、范围和方法，收集准备与评价有关的各类自然及社会经济资料，进行资料的分析处理。选择适宜的计算机硬件和 GIS 等分析软件，建立耕地地力评价基础数据库。

2. 耕地地力评价。划分评价单元，提取影响地力的关键因素并确定权重，选择相应评价方法，制定评价标准，确定耕地地力等级。

3. 评价结果分析。依据评价结果，量算各等级耕地面积，编制耕地地力分布图。分析耕地地力问题，提出耕地资源可持续利用的措施建议。

评价的工作流程如图 6-1 所示。

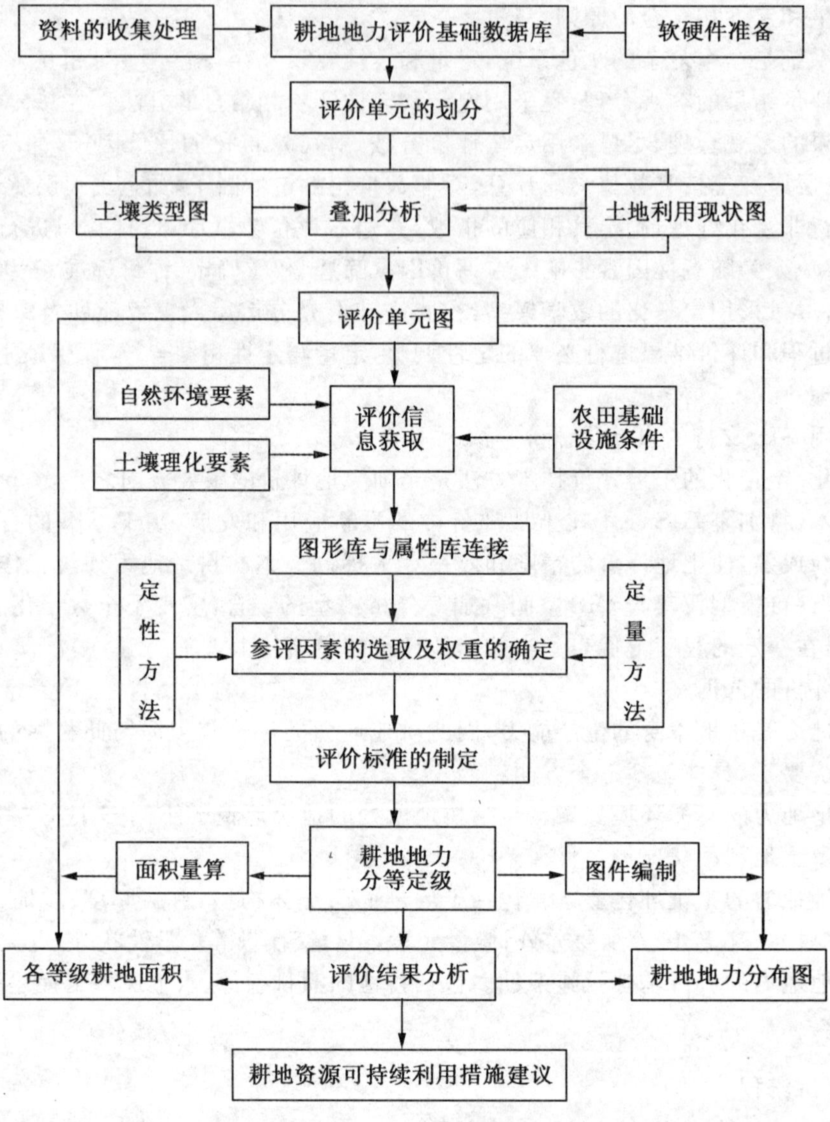

图 6-1　工作流程图

三、软硬件准备

(一)硬件准备

主要包括高档微机、A0 幅面数字化仪、A0 幅面扫描仪、喷墨绘图仪等。微机主要用于数据和图件的处理分析,数字化仪、扫描仪用于图件的输入,喷墨绘图仪用于成果图的输出。

(二)软件准备

首先是 Windows 操作系统软件,其次是 FOXPRO 数据库管理、SPSS 数据统计分析/ACCESS 数据管理系统等应用软件,再次是 MAPGIS、ARCVIEW、ARCMAP 等 GIS 软件。

四、资料收集处理

（一）资料的收集

耕地地力评价是以耕地的各性状要素为基础，因此必须广泛地收集与评价有关的各类自然和社会经济因素资料，为评价工作做好数据的准备。本次耕地地力评价收集获取的资料主要包括以下几个方面：

1. 野外调查资料。按野外调查点获取，主要包括地形地貌、土壤母质、水文、土层厚度、表层质地、耕地利用现状、灌排条件、作物长势产量、管理措施水平等。

2. 室内化验分析资料。包括有机质、全氮、速效氮、全磷、速效磷、速效钾等大量养分含量，交换性钙、镁等中量养分含量，有效锌、硼、钼等微量养分含量，以及 pH、土壤污染元素含量等。

3. 社会经济统计资料。以行政区划为基本单位的人口、土地面积、作物及蔬菜瓜果面积，以及各类投入产出等社会经济指标数据。

4. 基础及专题图件资料。1∶50000 比例尺地形图、行政区划图、土地利用现状图、地貌图、土壤图等。

（二）资料的处理

获取的评价资料可以分为定量和定性资料两大部分，为了采用定量化的评价方法和自动化的评价手段，减少人为因素的影响，需要对其中的定性因素进行定量化处理，根据因素的级别状况赋予其相应的分值或数值。除此，对于各类养分等按调查点获取的数据，则需要进行插值处理，生成各类养分图。

1. 定性因素的量化处理。土壤表层质地：考虑不同质地类型的土壤肥力特征，以及与植物生长发育的关系，赋予不同质地类别以相应的分值（见表 6-1）。

表 6-1　　土壤表层质地的量化处理

质地类别	中壤	轻壤	重壤	砂壤	砂土
分值	100	95	80	70	55

土体构型：首先以土层质地类别和其在土体中的部位对各类土体构型进行归纳，根据不同的土体构型对植物生长发育的影响，赋予不同土体构型以相应的分值，见表 6-2。

表 6-2　　土体构型的量化处理

土体构型	壤均质	壤质黏心	黏质壤心	砂质壤心	黏均质	砂质黏心	壤质砂心	砂均质
分值	100	90	87	80	77	70	65	58

地貌类型：根据不同的地貌类型对耕地地力及作物生长的影响，赋予其相应的分值，见表 6-3。

表 6-3　　地貌类型的量化处理

地貌类型	缓平坡地	湖沼平原	岗地	洼地	滨海平地
分值	100	89	80	78	70

矿化度：根据不同的矿化度程度对耕地地力及作物生长的影响，赋予其相应的分值，见表 6-4。

表 6-4　　矿化度的量化处理

矿化度	＜0.5	0.5～2	2～5	＞5
分值	100	90	65	40

盐渍化程度：考虑到成武县的土壤分布中存在不同的盐渍化程度，将其盐渍化程度划分为不同的等级，并据其对耕地地力的影响程度进行量化处理，见表 6-5。

表 6-5　　土壤盐渍化程度的量化处理

盐渍化	无	轻度	中度	重度	盐土
分值	100	85	70	50	30

2. 各类养分专题图层的生成。对于土壤有机质、氮、磷、钾、锌、硼、钼等养分数据，首先按照野外实际调查点进行整理，建立了以各养分为字段、以调查点为记录的数据库。之后，进行了土壤采样样点图与分析数据库的连接，在此基础上插值生成各养分专题图层。

分别对比了在 MAPGIS 和 ARCVIEW 环境中的插值结果，发现 ARCVIEW 环境中的插值结果线条更为自然圆滑，符合实际。因此，本研究中所有养分采样点数据均在 ARCVIEW 环境下操作，利用其空间分析模块功能对各养分数据进行自动的插值处理，经编辑处理，自动生成各土壤养分专题栅格图层。后续的耕地地力评价也以栅格形式进行，与矢量形式相比，能够将各评价要素信息精确到栅格（像元）水平，保证了评价结果的准确。图 6-2、图 6-3 为在 ARCVIEW 下插值生成的成武县土壤有机质、全氮含量分布栅格图。

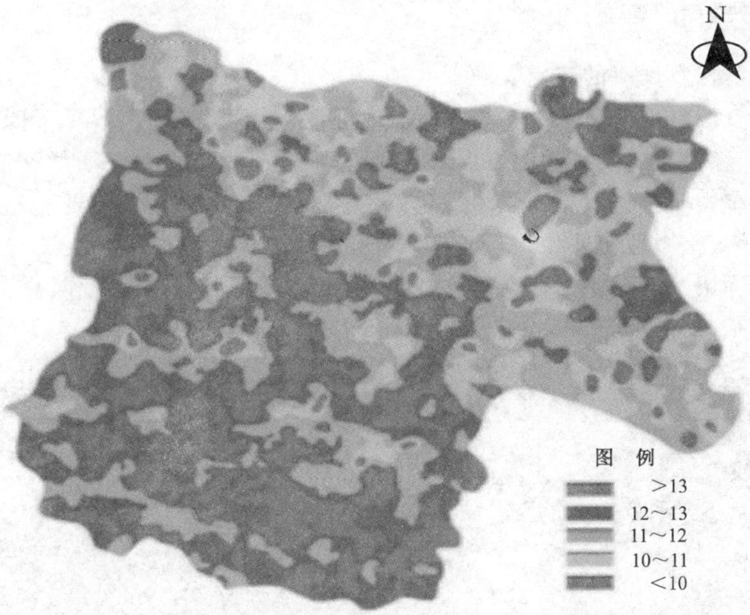

图 6-2 成武县土壤有机质含量栅格图

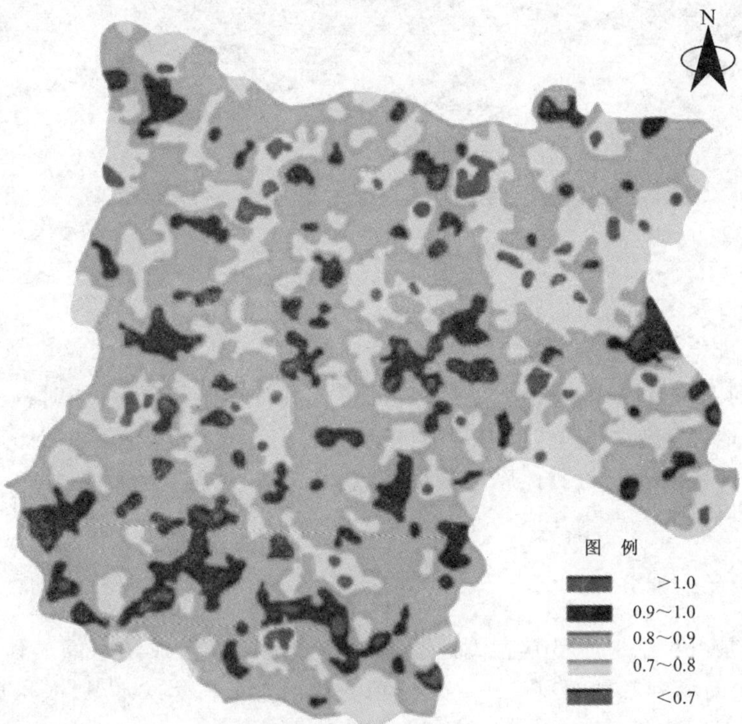

图 6-3 成武县全氮含量栅格图

五、基础数据库的建立

（一）基础属性数据库的建立

结合耕地资源管理信息系统的建立，采用可视化数据管理系统 ACCESS，为了调查分析数据整理、存储和后续应用的方便，研制建立了耕地地力调查与质量评价数据录入管理系统。该系统由 4 个数据录入模块组成，分别是：采样点基本情况调查表、采样点农业生产情况调查表、土壤理化性状化验分析表和土壤污染元素化验分析表。各模块以调查点为基本数据库记录进行原始数据录入，在此基础上进行汇总整理工作，作为后续耕地地力评价工作的基础。数据录入系统界面如图 6-4 所示。

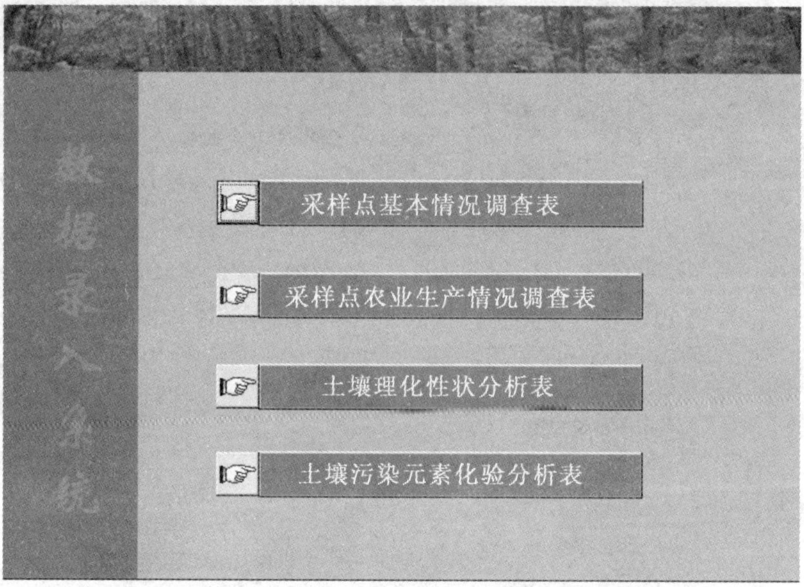

图 6-4 属性数据录入系统界面

（二）基础专题图图形库的建立

将扫描矢量化及插值等处理生成的各类专题图件，在 ARCVIEW 和 MAPGIS 软件的支持下，分别以栅格形式和点、线、区文件的形式进行存储和管理，同时将所有图件统一转换到相同的地理坐标系统下，以进行图件的叠加等空间操作，各专题图图斑属性信息通过键盘交互式输入或通过与属性库挂接读取，构成基本专题图图形数据库。图形库与基础属性库之间通过调查点相互连接。

六、评价单元的划分

评价单元是由对土地质量具有关键影响的各土地要素组成的空间实体，是土地评价的最基本单位、对象和基础图斑。同一评价单元内的土地自然基本条件、土地的个体属性和经济属性基本一致，不同土地评价单元之间，既有差异性，又有可比性。耕地地力评价就是要通过对每个评价单元的评价，确定其地力级别，把评价结果落实到实地和编绘的土地资源图上。因此，土地评价单元划分的合理与否，直接关系到土地评价的结果以及工作量的大小。

目前,对土地评价单元的划分尚无统一的方法,有以土壤类型、土地利用类型、行政区划单位、方里网等多种方法。本次成武县耕地地力评价土地评价单元的划分采用土壤图、土地利用现状图的叠置划分法,相同土壤单元及土地利用现状类型的地块组成一个评价单元,即“土地利用现状类型—土壤类型”的格式。其中,土壤类型划分到土种,土地利用现状类型划分到二级利用类型,制图区界以成武县最新土地利用现状图为准。为了保证土地利用现状的现实性,基于野外的实地调查对耕地利用现状进行了修正。同一评价单元内的土壤类型相同,利用方式相同,交通、水利、经营管理方式等基本一致,用这种方法划分评价单元既可以反映单元之间的空间差异性,即使土地利用类型有了土壤基本性质的均一性,又使土壤类型有了确定的地域边界线,使评价结果更具综合性、客观性,可以较容易地将评价结果落实到实地。

通过图件的叠置和检索,将成武县耕地地力划分为 3454 个评价单元。

七、评价信息的提取

影响耕地地力的因子非常多,并且它们在计算机中的存储方式也不相同,因此如何准确地获取各评价单元评价信息是评价中的重要一环。鉴于此,舍弃直接从键盘输入参评因子值的传统方式,采取将评价单元与各专题图件叠加采集各参评因素的信息。具体的做法是:(1)按唯一标识原则为评价单元编号;(2)在 ARCVIEW 环境下,生成评价信息空间库和属性数据库;(3)在 ARCMAP 环境下从图形库中调出各化学性状评价因子的专题图,与评价单元图进行叠加,计算出各因子的均值;(4)保持评价单元几何形状不变,在耕地资源管理信息系统中直接对叠加后形成的图形的属性库进行“属性提取”操作,以评价单元为基本统计单位,按面积加权平均汇总评价单元立地条件评价因子的分值。

由此,得到图形与属性相连的,以评价单元为基本单位的评价信息,为后续耕地地力的评价奠定了基础。

第二节 参评因素的选取及其权重确定

正确地进行参评因素的选取并确定其权重,是科学地评价耕地地力的前提,直接关系到评价结果的正确性、科学性和社会可接受性。

一、参评因素的选取

参评因素是指参与评定耕地地力等级的耕地的诸属性。影响耕地地力的因素很多,在本次成武县耕地地力评价中,根据成武县的区域特点遵循主导因素原则、差异性原则、稳定性原则和敏感性原则,采用定量和定性方法结合进行参评因素的选取。

(一)系统聚类方法

系统聚类方法用于筛选影响耕地地力的理化性质等定量指标,通过聚类将类似的指标进行归并,辅助选取相对独立的主导因子。利用 SPSS 统计软件进行了土壤养分等化学性状的系统聚类,结果如下:从图 6-5 中可以看出,氯离子、全盐、硝态氮、全氮、交换性钙、有效硅、交换性镁、有效硼、有效钼、有效铁、有效锰、有效锌、有效铜、有效硫聚为一组，有效磷、速效钾、碱解氮、缓效钾聚为一组，有机质为一组，pH 为一组。

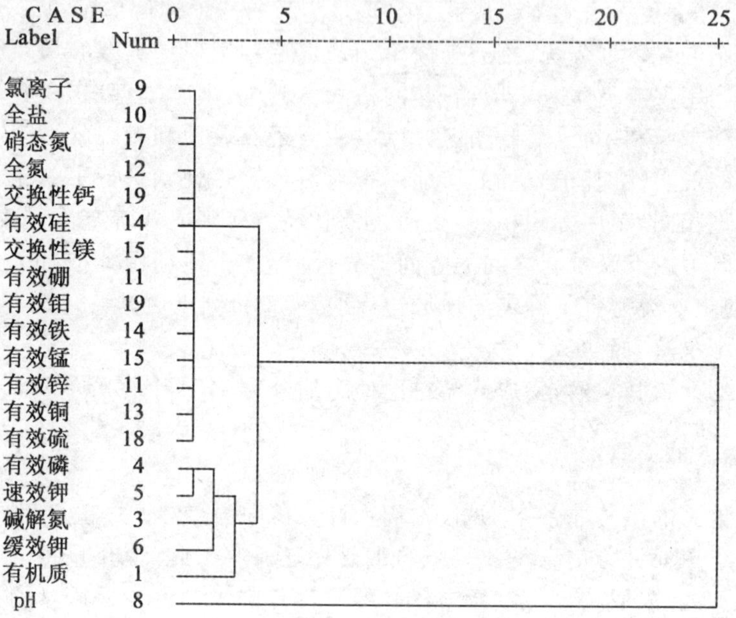

图 6-5　土壤养分等化学性状的聚类分析

(二)DELPHI 法

用 DELPHI 法进行了影响耕地地力的立地条件、物理性状等定性指标的筛选。确定了由土壤农业化学学者、专家及成武县土肥站业务人员组成的专家组，首先对指标进行分类，在此基础上进行指标的选取，并讨论、确定最终的选择方案。

综合以上两种方法，在定量因素中根据各因素对耕地地力影响的稳定性，以及营养元素的全面性，在聚类分析第一组中选取有效磷、有效锌为参评因素，第二组中选取有效硼为参评因素，第三组是速效钾，第四组是有机质。结合专家组选择结果，最后确定灌溉保证率、矿化度、地貌类型、耕层质地、土体构型、盐渍化程度、有机质、大量元素(速效钾、有效磷)、微量元素(有效锌、有效硼)等 11 项因素作为耕地地力评价的参评指标。

二、权重的确定

在耕地地力评价中，需要根据各参评因素对耕地地力的贡献确定权重，确定权重的方法很多，本评价中采用层次分析法(AHP)来确定各参评因素的权重。

层次分析法(AHP)是在定性方法基础上发展起来的定量确定参评因素权重的一种系统分析方法，这种方法可将人们的经验思维数量化，用以检验决策者判断的一致性，有利于实现定量化评价。AHP 法确定参评因素的步骤分四步。

建立层次结构：耕地地力为目标层(G 层)，影响耕地地力的立地条件、物理性状、化学性状为准则层(C 层)，再把影响准则层中各元素的项目作为指标层(A 层)，其结构关系如图 6-6 所示。

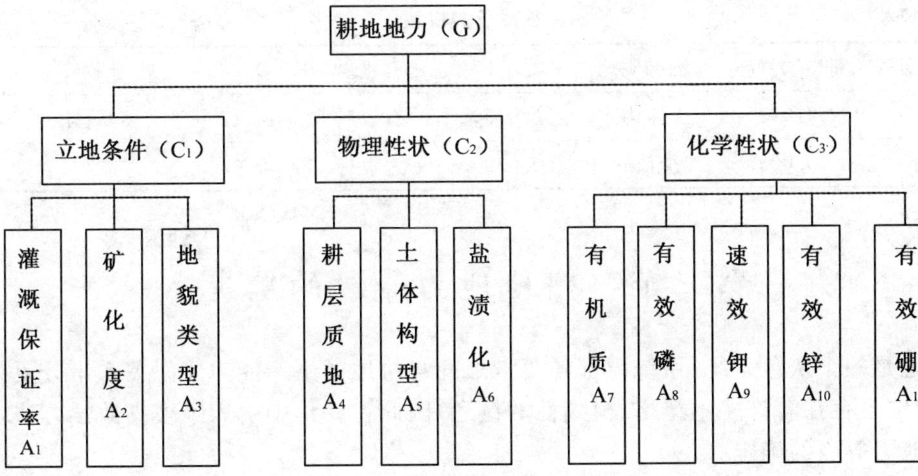

图 6-6 耕地地力影响因素层次结构

构造判断矩阵：根据专家经验，确定 C 层对 G 层以及 A 层对 C 层的相对重要程度，共构成 A、C_1、C_2、C_3 共 4 个判断矩阵。例如，耕层质地、土体构型、盐渍化程度对耕地物理性状的判断矩阵表示为：

$$C_2=\begin{pmatrix} a_{11} & a_{12} & a_{13} \\ a_{21} & a_{22} & a_{23} \\ a_{31} & a_{32} & a_{33} \end{pmatrix}=\begin{pmatrix} 1 & 5 & 3 \\ 0.20 & 1 & 0.33 \\ 0.33 & 3 & 1 \end{pmatrix}$$

其中，a_{ij}（i 为矩阵的行号，j 为矩阵的列号）表示对 C_2 而言，a_i 对 a_j 的相对重要性的数值。

层次单排序及一致性检验：即求取 A 层对 C 层的权数值，可归结为计算判断矩阵的最大特征根对应的特征向量。利用 SPSS 等统计软件，得到的各权数值及一致性检验的结果如表 6-6。

表 6-6　权数值及一致性检验结果

矩阵	特征向量					C_I	C_R
矩阵 A		0.3202	0.1226	0.5571		0.009148	0.01577204＜0.1
矩阵 C_1		0.6329	0.1058	0.2613		0.020017	0.03451165＜0.1
矩阵 C_2		0.6333	0.1061	0.2606		0.019410	0.03346558＜0.1
矩阵 C_3	0.5036	0.2307	0.1526	0.0638	0.0492	0.044324	0.03957510＜0.1

从表中可以看出，$C_R<0.1$，具有很好的一致性。

层次总排序及一致性检验：经层次总排序，并进行一致性检验，结果为 $C_I=0$，$C_R=0$，具有满意的一致性，最后计算 A 层对 G 层的组合权数值，得到各因子的权重如表 6-7 所示。

表 6-7 各因子的权重

灌溉保证率	0.2027	耕层质地	0.0777	有机质	0.2806	有效锌	0.0355
矿化度	0.0339	土体构型	0.0130	有效磷	0.1286	有效硼	0.0274
地貌类型	0.0837	盐渍化	0.0320	速效钾	0.0850		

第三节 耕地地力等级的确定

土地是一个灰色系统,系统内部各要素之间与耕地的生产能力之间关系十分复杂,此外,评价中也存在着许多不严格、模糊性的概念,因此在评价中引入了模糊数学方法,来进行耕地地力等级的确定。

一、参评因素隶属函数的建立

用 DELPHI 法根据一组分布均匀的实测值评估出对应的一组隶属度,然后在计算机中绘制这两组数值的散点图,再根据散点图进行曲线模拟,寻求参评因素实际值与隶属度关系方程,从而建立起隶属函数。各参评因素的分级及其相应的专家赋值和隶属度如表 6-8 所示。

表 6-8 参评因素的分级及其分值

地貌类型	缓平坡地	湖沼平原	岗地	洼地	滨海平地							
分值	100	89	80	78	70							
隶属度	1.00	0.89	0.80	0.78	0.70							
灌溉保证率	80	70	60	50	30	10	0					
分值	100	90	80	65	40	10	0					
隶属度	1.00	0.90	0.80	0.65	0.40	0.10	0.00					
矿化度(g/L)	<0.5	0.5～2	2～5	>5								
分值	100	90	65	40								
隶属度	1.00	0.90	0.65	0.40								
有机质	2.0	1.8	1.6	1.4	1.2	1.0	0.8	0.6				
分值	100	98	95	90	84	78	65	50				
隶属度	1.00	0.98	0.95	0.90	0.84	0.78	0.65	0.50				
有效磷	400	300	200	110	80	60	40	30	20	15	10	5
分值	70	80	90	100	98	96	92	90	85	80	60	40

续表

地貌类型	缓平坡地	湖沼平原	岗地	洼地	滨海平地						
隶属度	0.70	0.80	0.90	1.00	0.98	0.96	0.92	0.90	0.85	0.80	0.60	0.40
速效钾	400	320	240	160	120	100	80	60				
分值	100	98	93	85	82	78	70	50				
隶属度	1.00	0.98	0.93	0.85	0.82	0.78	0.70	0.50				
有效锌	2.0	1.5	1.2	1.0	0.8	0.5	0.3					
分值	100	92	87	85	80	70	55					
隶属度	1.00	0.92	0.87	0.85	0.80	0.70	0.55					
有效硼	1.8	1.5	1.2	1.0	0.8	0.5	0.2					
分值	100	95	87	85	80	70	55					
隶属度	1.00	0.95	0.87	0.85	0.80	0.70	0.55					
耕层质地	中壤	轻壤	重壤	砂壤	砂土							
分值	100	95	80	70	55							
隶属度	1.00	0.95	0.80	0.70	0.55							
土体构型	壤均质	壤质黏心	黏质壤心	砂质壤心	黏均质	砂质黏心	壤质砂心	黏质砂心	砂均质			
分值	100	90	87	80	77	70	65	63	58			
隶属度	1.00	0.90	0.87	0.80	0.77	0.70	0.65	0.63	0.58			
盐渍化	无	轻度	中度	重度	盐土							
分值	100	85	70	50	30							
隶属度	1.00	0.85	0.70	0.50	0.30							

通过模拟共得到正直线型、戒上型、概念型三种类型的隶属函数，其中有效磷、速效钾等属于戒上型隶属函数，矿化度属于正直线型隶属函数，土体构型、耕层质地、盐渍化等描述性因素属于概念型隶属函数，然后根据隶属函数计算各参评因素的单因素评价评语。以有机质为例绘制的散点图和模拟曲线如图 6-7、图 6-8 所示。

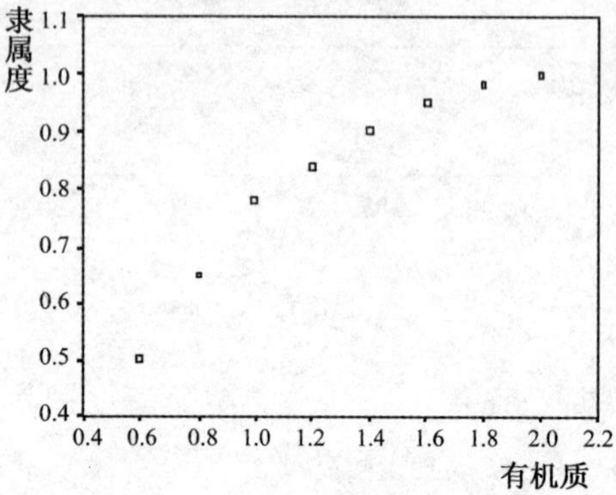

图 6-7 有机质与隶属度关系散点图

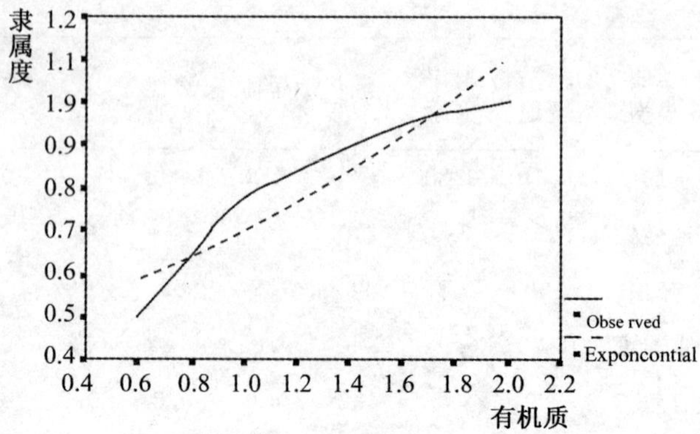

图 6-8 有机质与隶属度关系曲线

其隶属函数为戒上型，形式为：

$$y=\begin{cases}0 & (x\leqslant x_t)\\ 1/[1+A\times(x-C)^2] & (x_t<x<C)\\ 1 & (C\leqslant x)\end{cases}$$

各参评因素类型及其隶属函数表 6-9 所示。

表 6-9 参评因素类型及其隶属函数

函数类型	参评因素	隶属函数	A	C
戒上型	有机质含量(%)	$y=1/[1+A\times(x-C)^2]$	0.542986462	1.821973978
戒上型 <110	有效磷(mg/kg)	$y=1/[1+A\times(x-C)^2]$	0.000099	80.159
戒上型 >110	有效磷(mg/kg)	$y=1/[1+A\times(x-C)^2]$	0.0000032	27.031
戒上型	速效钾(mg/kg)	$y=1/[1+A\times(x-C)^2]$	0.0000076	327.836
戒上型	有效锌(mg/kg)	$y=1/[1+A\times(x-C)^2]$	0.249	1.885
戒上型	有效硼(mg/kg)	$y=1/[1+A\times(x-C)^2]$	0.251	1.879
直线型	灌溉保证率(%)	$y=A\times x+C$	1.294	−0.0054
正直线型	矿化度(分值)	$y=A+C\times x$	0	1
概念型	土体构型(分值)	$y=A\times x$	0.01	
概念型	耕层质地(分值)	$y=A\times x$	0.01	
概念型	盐渍化(分值)	$y=A\times x$	0.01	
概念型	地貌类型(分值)	$y=A\times x$	0.01	

二、耕地地力等级的确定

(一)计算耕地地力综合指数

用指数和法来确定耕地的综合指数，公式为：

$$IFI=\sum F_i\times C_i$$

式中：IFI(Integrated Fertility Index)代表耕地地力综合指数；F_i为第 i 个因素评语；

C_i为第 i 个因素的组合权重。

具体操作过程就是在县域耕地资源管理信息系统中的“专题评价”模块中编辑立地条件、物理性状和化学性状的层次分析模型以及各评价因子的隶属函数模型，然后选择“耕地生产潜力评价”功能进行耕地地力综合指数的计算。

(二)确定最佳的耕地地力等级数目

计算耕地地力综合指数之后，在耕地资源管理系统中我们选择累积曲线分级法进行评价，根据曲线斜率的突变点(拐点)来确定等级的数目和划分综合指数的临界点，将成武县耕地地力共划分为七级，各等级耕地地力综合指数如表 6-10 和图 6-9 所示。

表 6-10 成武县耕地地力等级综合指数

IFI	>0.920	0.907～0.920	0.895～0.907	0.880～0.895	0.861～0.880	0.830～0.861	<0.830
耕地地力等级	一等	二等	三等	四等	五等	六等	七等

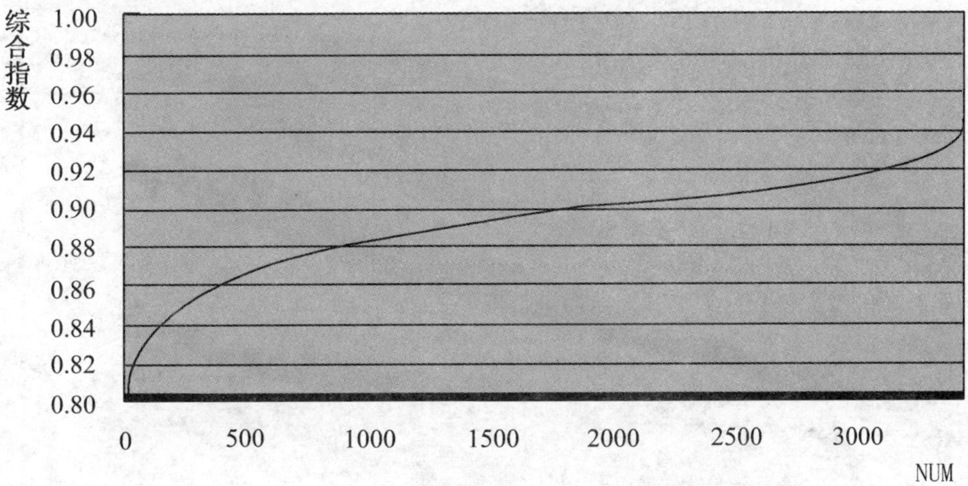

图 6-9 成武县综合指数分布图

三、图件的编制

为了提高制图的效率和准确性，在地理信息系统软件 MAPGIS 的支持下，进行成武县耕地地力评价图及相关图件的自动编绘处理，其步骤大致分以下几步：扫描矢量化各基础图件→编辑点、线→点、线校正处理→统一坐标系→区编辑并对其赋属性→根据属性赋颜色→根据属性加注记→图幅整饰输出。此外还充分利用了 ARCVIEW 和 ARCGIS 强大的空间分析功能，将评价图与其他图件进行叠加，从而生成其他专题图件，将评价图与行政区划图叠加，进而计算各行政区划单位内的耕地地力等级面积等。

(一)专题图地理要素底图的编制

专题地图的地理要素内容是专题图的重要组成部分，用于反映专题内容的地理分布，并作为图幅叠加处理等的分析依据。地理要素的选择应与专题内容相协调，考虑图面的负载量和清晰度，应选择基本的、主要的地理要素。

以成武县最新的土地利用现状图为基础，对此图进行了制图综合处理，选取主要的居民点、交通道路、水系、境界线等及其相应的注记,进而编辑生成 1∶50000 各专题图地理要素底图。

(二)耕地地力评价图的编制

以耕地地力评价单元为基础,根据各单元的耕地地力评价等级结果,对相同等级的相临评价单元进行归并处理,得到各耕地地力等级图斑。在此基础上,分两个层次进行图面耕地地力等级的表示:一是颜色表示,即赋予不同耕地地力等级以相应的颜色,以绿色表示高等级地力,依次由绿色→黄色→红色向低等级地力过渡。二是代号,用罗马数字Ⅰ、Ⅱ、Ⅲ、Ⅳ、Ⅴ、Ⅵ表示不同的耕地地力等级,并在评价图相应的耕地地力图斑上注明。将评价专题图与以上的地理要素图复合,整饰得成武县 1∶50000 耕地地力评价图(见图 6-10)。

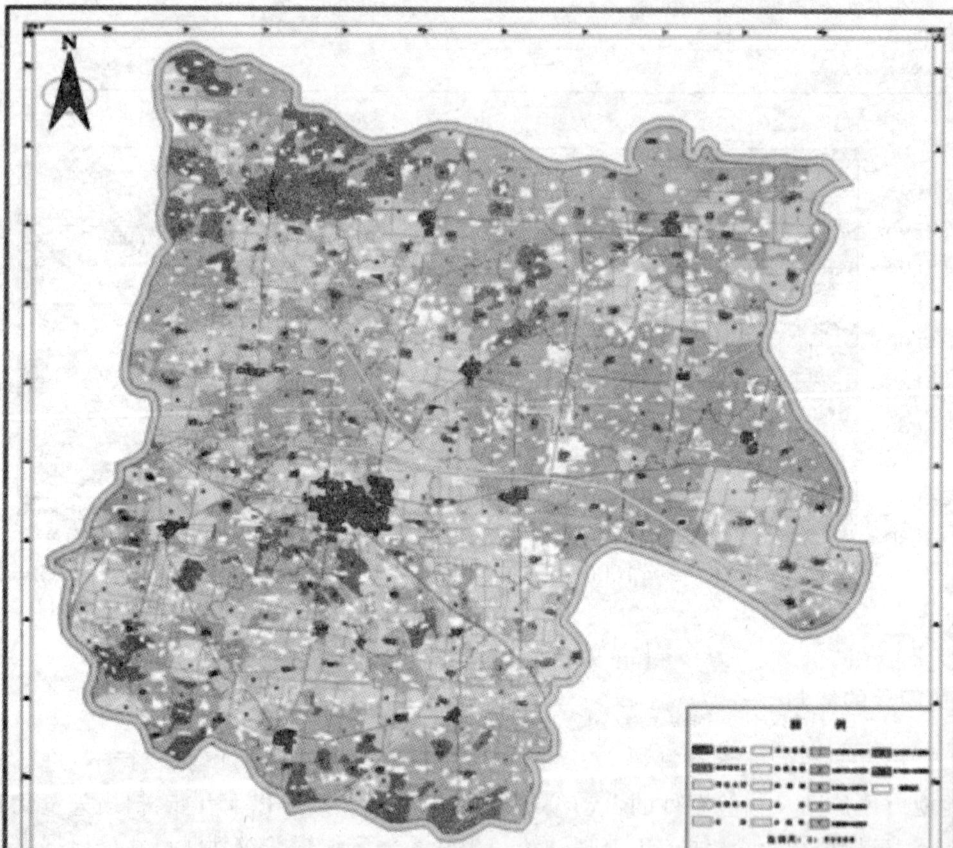

图 6-10 成武县耕地地力等级分布图

(三)其他专题图的编制

对于有机质含量、速效钾、有效磷、有效锌等其他专题要素地图,则按照各要素的分级分别赋予相应的颜色,同时标注相应的代号,生成专题图层,之后与地理要素图复合,编辑处理生成专题图件,并进行图幅的整饰处理,得部分最终专题图(见图 6-11)。

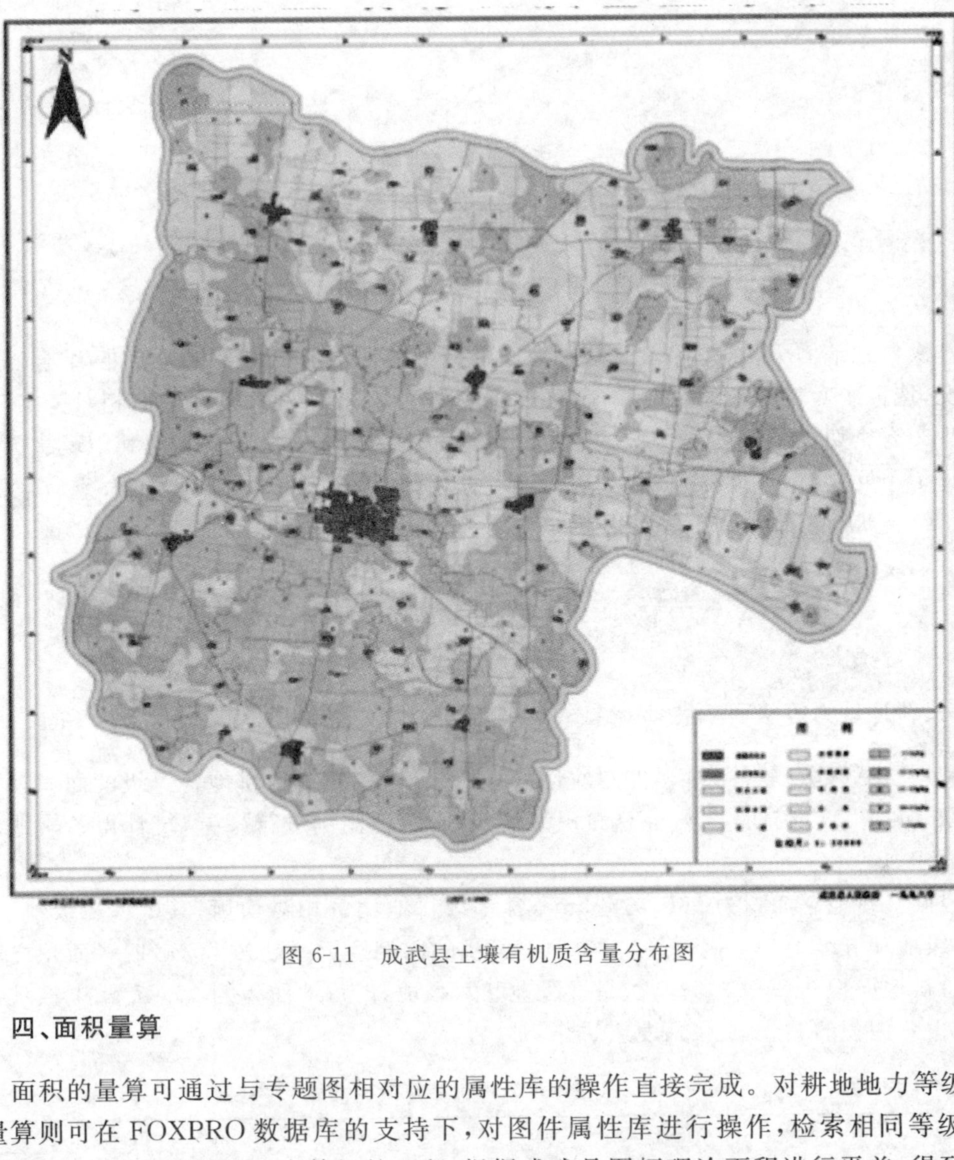

图 6-11 成武县土壤有机质含量分布图

四、面积量算

面积的量算可通过与专题图相对应的属性库的操作直接完成。对耕地地力等级面积的量算则可在 FOXPRO 数据库的支持下，对图件属性库进行操作，检索相同等级的面积，然后汇总得各类耕地地力等级的面积，根据成武县图幅理论面积进行平差，得到准确的面积数值。对于不同行政区划单位内部、不同的耕地利用类型等的耕地地力等级面积的统计，则通过耕地地力评价图与相应的专题图进行叠加分析，由其相应属性库统计获得(见附录二)。

第七章　耕地地力分析

本次耕地地力分析，按照农业部耕地质量调查和评价的规程及相关标准，结合当地实际情况，选取了对耕地地力影响较大，区域内变异明显，在时间序列上具有相对稳定性，与农业生产有密切关系的11个因素，建立评价指标体系。以土壤图与土地利用现状图叠加形成评价单元，应用模糊综合评判方法，通过综合分析，将全区耕地共划分为7个等级，根据评价结合进行耕地地力的系统分析。

第一节　耕地地力等级与分布

一、耕地地力等级面积统计

利用 MAPGIS 软件，对评价图属性库进行操作，检索统计耕地各等级的面积和图幅总面积。以2007年成武县耕地总面积为基准，按面积比例进行平差，统计得各耕地地力等级面积。

成武县耕地总面积为66666.67hm²，各等级耕地比例相对均衡，其中以二级地、三级地、四级地和五级地为主，各等级占耕地总面积的比例接近或超过20%，四者面积之和占到了总耕地面积的80.81%；其次是一级地和六级地，占耕地面积的16.77%；七级地面积较少，占总面积的2.42%。见表7-1。

表 7-1　　成武县耕地地力评价结果面积统计

等级	一级地	二级地	三级地	四级地	五级地	六级地	七级地
面积(hm²)	7026.67	13640.00	16126.67	11180.00	12920.00	4160.00	1613.33
百分比(%)	10.54	20.46	24.19	16.77	19.38	6.24	2.42

二、耕地地力空间分布分析

(一)耕地地力等级分布

成武县位于鲁西南河流冲积平原的河漫滩上，海拔20～50m，地形平坦，地下水资源丰富，地下水位2～10m。耕地面积较大，土层深厚，土壤大多数为典型潮土，同时存在少量盐化潮土，母质为黄土母质，表层质地主要为轻壤和中壤，无明显的障碍层次，但部分地区存在轻度侵蚀。常年有效积温3500h，无霜期270天，农田基础设施配套良好，灌排能力较好。总体看，成武县耕地地力较好，级别之间变化比较明显，中部和北部耕地地力相对较好，六、七级耕地面积只占总耕地面积的8.66%。一级地和二级地主要分布于成武县中部和东北部地区，该区农业基础设施配套成型，测土配方施肥工程也首先在这一区域展开。三级地、四级地和五级地分布比较分散，但主要集中在中南部和中北部地区，属于只要加大资金投入，完善基础设施，改善生产条件，产量就能大幅提高的中产田类型，有一定的开发潜力。六级地与七级地主要分布于北部和南部地区，这部分耕地肥力低，灌溉条件较差，属于低产田类型。

(二)耕地地力等级的行政区域划分

将耕地地力等级分布图与成武县行政区划图进行叠加分析，从耕地地力等级行政区域分布数据库中，按权属字段检索出各等级的记录，统计出一至七级地在各乡镇的分布状况(表7-2)。

一、二级高等地力耕地所占比例较高的乡镇为白浮图镇、伯乐集镇、大田集镇、党集乡、苟村集镇和张楼乡；三、四、五级地中等地力耕地所占比例较高的乡镇为白浮图镇、伯乐集镇、成武镇、党集乡、九女集镇、南鲁集镇、孙寺镇、天宫庙镇、汶上集镇；六、七级较低等级地力耕地所占比例较高的乡镇主要为汶上集镇、南鲁集镇和孙寺镇。

表7-2　成武县耕地地力等级行政区域分布

乡镇名称		一	二	三	四	五	六	七	合计
白浮图镇	面积(hm^2)	314.18	2085.80	2050.75	842.22	136.48	—	—	5429.43
	比例(%)	5.79	38.42	37.77	15.51	2.51	—	—	100.00
伯乐集镇	面积(hm^2)	802.37	1339.18	1910.09	146.14	1007.63	105.08	—	5310.49
	比例(%)	15.11	25.22	35.97	2.75	18.97	1.98	—	100.00
成武镇	面积(hm^2)	108.23	626.57	2235.72	1712.67	1412.80	475.91	—	6571.90
	比例(%)	1.65	9.53	34.02	26.06	21.50	7.24	—	100.00
大田集镇	面积(hm^2)	1661.32	3162.74	2054.82	677.86	329.35	281.71	—	8167.81
	比例(%)	20.34	38.72	25.16	8.30	4.03	3.45	—	100.00
党集乡	面积(hm^2)	1009.98	971.46	791.22	989.18	248.55	130.60	19.65	4160.64
	比例(%)	24.27	23.35	19.02	23.77	5.97	3.14	0.47	100.00
苟村集镇	面积(hm^2)	1074.83	629.73	445.03	782.42	63.96	—	—	2995.97
	比例(%)	35.88	21.02	14.85	26.12	2.13	—	—	100.00
九女集镇	面积(hm^2)	37.50	909.18	1918.40	1911.28	2051.22	332.21	206.29	7366.08
	比例(%)	0.51	12.34	26.04	25.95	27.85	4.51	2.80	100.00
南鲁集镇	面积(hm^2)	673.79	548.01	683.28	529.22	2275.25	485.00	426.85	5621.39
	比例(%)	11.99	9.75	12.16	9.41	40.47	8.63	7.59	100.00

续表

乡镇名称		一	二	三	四	五	六	七	合计
孙寺镇	面积(hm^2)	—	79.74	1034.76	1352.45	2178.13	601.16	179.38	5425.63
	比例(%)	—	1.47	19.07	24.93	40.15	11.08	3.31	100.00
天宫庙镇	面积(hm^2)	—	91.12	1239.14	701.67	1389.76	508.90	1.16	3931.74
	比例(%)	—	2.32	31.52	17.85	35.35	12.94	0.03	100.00
汶上集镇	面积(hm^2)	429.65	612.81	1354.38	1390.50	1829.13	1235.72	782.99	7635.18
	比例(%)	5.63	8.03	17.74	18.21	23.96	16.18	10.26	100.00
张楼乡	面积(hm^2)	910.91	2586.70	411.08	141.71	—	—	—	4050.40
	比例(%)	22.49	63.86	10.15	3.50	—	—	—	100.00

第二节 耕地地力等级分述

一、一级地

(一)面积与分布

一级地综合评级指数为0.91985～0.95047,耕地面积7026.67hm^2,占总耕地面积的10.54%。其中水浇地3662.56hm^2,占一级地面积52.12%,旱地3364.11hm^2,占一级地面积的47.88%,见表7-3。

一级地主要分布于大田集镇、苟村集镇、党集乡、张楼乡、伯乐集镇、南鲁集镇和汶上集镇。此外,白浮图镇、成武镇和九女集镇也有零星分布。

表7-3 一级地各土地利用类型面积

利用类型	评价单元(个)	面积(hm^2)	占总耕地面积(%)	占一级地面积(%)
水浇地	234	3662.56	5.49	52.12
旱 地	180	3364.11	5.05	47.88
合 计	414	7026.67	10.54	100

(二)主要属性分析

一级地平均海拔37.67m,地形平坦,降雨量700mm左右。土壤类型以典型潮土为主,兼有少量盐化潮土。土壤表层质地为轻壤和中壤,土壤团粒结构,土壤容重1.58g/m^3,土体构型以壤均质、壤质黏心为主,有少量壤质砂心构型,无明显障碍层次,但土壤受轻度侵蚀。微地貌以平坡地、高坡地、浅平洼地和洼坡地为主。土壤团粒结构,土层深厚,土壤理化性状良好,基本无盐渍化现象,可耕性强。地下平均水位为5.63m,主要为0.5～2g/L的弱矿化度水,同时还有部分为淡水,灌排条件好,灌溉保证率接近100%。该级地作物一年两熟,主要种植作物为麦—棉、麦—玉/豆、其他—蒜—棉,作物年平均产量为1191.37kg/667m^2。土壤养分含量均较高,见表7-4。

表 7-4 一级地主要养分含量

项目	有机质(g/kg)	有效磷(mg/kg)	速效钾(mg/kg)	有效锌(mg/kg)	有效硼(mg/kg)
平均值	11.98	27.99	136.21	1.16	0.59
范围值	8.90～16.70	11.30～71.40	80.00～198.00	0.44～2.86	0.28～1.37
含量水平	中等	中偏上	中偏上	中偏上	中等

(三)存在问题

一级地存在的问题:一是该地区属全县经济较好地区,人们历来注重二、三产业,农业投入比例低于二、三产业投入;二是土壤肥力与高产、高效农业的需求还有一定差距;三是施肥、用药种类与比例不合理;四是灌溉农田时存在大灌、漫灌现象,造成水资源的浪费以及土壤盐化现象的发生;五是该地区经济发达,工矿企业多,点源污染程度有所加重,影响耕地的质量和农产品的品质。

(四)改良利用

一级地是全县综合性能最好的耕地,各项评价指标均属良好型。土层厚,排灌性好,易于耕作,养分含量高,保肥、保水性好,适于各种作物生长。该级耕地农作物生产历来水平很高,常年作物平均产量在 1191.37kg/667m^2 左右。利用方向是发展高产、优质、高效农业,如无公害蔬菜基地、日光温室、反季节瓜果栽培以及优质高产小麦等。为此,应搞好以下工作:农业部门应结合科技入户、配方施肥等工程,加大宣传力度,转变观念,提高认识,加大农业投入,提升农业综合生产能力;增施有机肥,增加土壤有机质含量,实施平衡施肥,防止土壤污染,适量补施微肥,提高耕地质量;加大检测力度,确保农业灌溉、施肥、用药安全,搞好无公害生产。

二、二级地

(一)面积与分布

二级地综合评价指数为 0.90719～0.91985,耕地面积 13640.00hm^2,占全县总耕地面积 20.46%,其中水浇地 7035.26hm^2,占二级耕地面积 51.58%,旱地 6604.74hm^2,占二级耕地面积的 48.42%,见表 7-5。

二级耕地主要分布在大田集镇、张楼乡、白浮图镇、伯乐集镇、党集乡,其他乡镇也有零星分布,其中以苟村集镇面积最大,为 629.59 hm^2,占二级耕地的 4.62%,占苟村集镇耕地面积的 21.01%。

表 7-5 二级地各土地利用类型面积

利用类型	评价单元(个)	面积(hm^2)	占总耕地面积(%)	占二级地面积(%)
水浇地	412	7035.26	10.55	51.58
旱　田	284	6604.74	9.91	48.42
合计	696	13640.00	20.46	100

(二)主要属性分析

二级地平均海拔 37.90m,年平均降雨量 695.82mm。土壤类型以典型潮土和盐化潮土为主,表层质地为轻壤和中壤,土壤容重 1.58g/cm^3,土体构型为壤均质、壤质砂心和壤质黏心。微地貌类型以高坡地、平坡地和洼坡地为主。土壤团粒结构,无明显障碍层次,地势平坦,土层厚,部分地区存在轻度侵蚀,土壤理化性状较好,农田配套设施良好,可耕性较强,在苟村集镇、张楼乡和大田集镇零散存在一些轻度的盐渍化现象。地下水平均水位 5.49m,多为 0.5～2g/L 的弱矿化度水,部分地区存在一些中矿化度水,灌排能力较好,灌溉保证率 85%以上。该级耕地作物一年两熟,作物主要为麦—玉/豆、其他—蒜—棉,作物年平均产量为 1186.41kg/667m^2。土壤养分除有效硼略偏低外,其他养分含量均比较理想,见表 7-6。

表 7-6　二级地主要养分含量

项目	有机质(g/kg)	有效磷(mg/kg)	速效钾(mg/kg)	有效锌(mg/kg)	有效硼(mg/kg)
平均值	11.58	25.82	130.73	1.07	0.61
范围值	6.90～18.20	10.50～44.80	73～210	0.44～2.41	0.27～3.00
含量水平	中等	中偏上	中等	中偏上	中等

(三)存在问题

二级地主要存在问题是部分耕地环境质量欠佳,苟村集镇、张楼乡和大田集镇的二级地地下水位较高,有盐碱化威胁,多采用大水漫灌土地,容易造成并加剧盐渍化的发生,不利于作物的生长,土壤养分含量偏低,部分地区存在漏水、漏肥情况。

(四)改良利用

增施有机肥料,培肥地力;采取深翻土壤等措施,改良土体构型;与农田基础建设相结合,兴修水利,扩大灌溉面积,尽量不利用矿化度较大的地下水灌溉农田;扩大肥源,培肥土壤;合理轮作,调剂养分,余缺互补。

三、三级地

(一)面积与分布

三级地综合评价指数为 0.89524～0.90719,耕地面积 16126.67hm^2,占全县总耕地面积的 24.19%,在全县各等级中面积最大。其中水浇地 12564.69hm^2,占三级耕地面积的 77.91%;旱地 3561.98hm^2,占三级耕地面积的 22.09%。见表 7-7。

三级耕地主要分布在白浮图镇、伯乐集镇、成武镇、大田集镇和九女集镇,其他乡镇呈零星分布。

表 7-7 三级地各土地利用类型面积

项目	评价单元(个)	面积(hm²)	占总耕地面积(%)	占三级地面积(%)
水浇地	624	12564.69	18.85	77.91
旱　地	178	3561.98	5.34	22.09
合计	802	16126.67	24.19	100

(二)主要属性分析

三级地自然条件较好,地势平坦宽阔,平均海拔 37.97m,平均降雨量为 695.43mm。土壤主要为典型潮土,耕层质地主要是中壤、轻壤,伴有少量的砂壤和重壤,土体构型主要为壤均质、壤质砂心和壤质黏心,同时有少量的砂均质,土壤容重 1.57g/cm^3。微地貌类型为高坡地、平坡地、浅平坡地和洼坡地。土层厚,土壤团粒结构,无明显障碍层次,但存在较多的轻度侵蚀,土壤理化性质较好,农田基础设施良好,灌排能力较好,可耕性较强,有少量轻度和中度盐渍化现象。地下水平均埋深 5.84m,矿化度多在 0.5～2g/L,伴有少量中、高矿化度水,灌溉保证率在 75%以上。作物一年两熟,主要作物以麦—玉/豆为主,并有较多的麦—棉、其他—蒜—棉等,作物年平均产量为 1066.74kg/667m^2。土壤养分除有效硼偏低外,其他养分含量均比较理想,见表 7-8。

表 7-8 三级地主要养分含量

项目	有机质(g/kg)	有效磷(mg/kg)	速效钾(mg/kg)	有效锌(mg/kg)	有效硼(mg/kg)
平均值	12.05	22.54	124.06	1.00	0.59
范围值	8.50～16.30	12.10～66.10	67.00～208.00	0.48～2.82	0.26～1.17
含量水平	中偏上	中偏上	中等	中等	中偏下

(三)存在问题

三级地部分耕地中夹杂一些砂壤,容易造成养分的流失,同时有一些黏壤,透水透气性差,不利于作物的生长。农田灌溉保证率受一定限制,部分地区仍采用畦灌方式灌溉,造成水资源浪费;土壤有轻度盐渍化面积较大,影响作物的正常生长。

(四)改良利用

搞好农田基本建设,维护和建设水利设施,大力推广节水灌溉,提高灌溉保证率;合理耕作与灌溉,逐步消除土壤盐渍化,保障作物的正常生长;深翻耕层,改良土壤结构,减弱不良土体构型对作物生长的影响;增施有机肥料和微肥。

四、四级地

(一)面积与分布

四级地综合评价指数为 0.88007～0.89524,耕地面积 11180.00hm^2,占全县总耕地面积的 16.77%。其中水浇地 8234.26 hm^2,占四级耕地面积的 73.65%,旱地 2945.74 hm^2,占四级耕地面积的 26.35%,见表 7-9。

四级地主要分布九女集镇、成武镇、汶上集镇、孙寺镇，其他乡镇有零星分布。

表 7-9 四级地各土地利用类型面积

利用类型	评价单元（个）	面积（hm^2）	占总耕地面积（%）	占三级地面积（%）
水浇地	474	8234.26	12.35	73.65
旱 地	150	2945.74	4.42	26.35
合 计	624	11180.00	16.77	100

（二）主要属性分析

四级地分散在成武县境内，中部地区分布相对集中，平均海拔 38.65m，年平均降雨量 693.85mm。土壤以典型潮土为主，表层质地主要是轻壤和中壤，伴有少量的砂壤、中壤和砂土，土壤容重 1.56g/cm^3，土体构型主要为壤质黏心、壤质砂心和壤均质，同时存在一些砂均质和砂质黏心，土壤团粒结构，无明显障碍层次。微地貌类型主要为高坡地、平坡地和浅平坡地。土壤中存在较多的轻度盐渍化现象，并有少量中度盐渍化现象，灌溉保证率在 60% 以上。地下水平均埋深 6.04m 左右，矿化度主要是 0.5～2g/L，并有部分2～5g/L的中矿化度水。农田基础设施较好，灌排能力良好，除了管灌外，还有较多的畦灌。作物一年两熟，主要为麦—玉/豆，还有一些其他—蒜/棉、麦—棉、棉等，作物年平均产量 1075.57kg/667m^2。土壤养分含量较高，但有效硼含量稍低。见表 7-10。

表 7-10 四级地主要养分含量

项目	有机质 (g/kg)	有效磷 (mg/kg)	速效钾 (mg/kg)	有效锌 (mg/kg)	有效硼 (mg/kg)
平均值	12.01	21.35	121.20	0.93	0.57
范围值	7.8～16.1	10.0～42.6	76～202	0.49～1.90	0.20～1.34
含量水平	中等	中偏上	中等	中等	中偏下

（三）存在问题

该级地土体构型中有较多的壤质黏心、壤质砂心，对土壤通气透水性能以及保水保肥性有一定影响，同时还有少量的较差的砂均质和砂质黏心构型；土壤轻度盐化现象较多，影响作物的生长；灌溉保证率有待提高，难以对农田进行充分灌溉；土壤中微量元素含量较低，对作物产量有一定影响。

（四）改良利用

增施有机肥，深耕土壤，从而改良土壤表层质地和土体构型，提高土壤的物理化学性能；利用弱矿化水、淡水资源，采用管灌等方式合理灌溉，避免大灌、漫灌等加剧土壤盐渍化的程度；加强农田基础设施的完善和维护管理，提高灌溉保证率；增施适量有效硼等微肥，提高作物产量。

五、五级地

(一)面积与分布

五级地综合评价指数为0.86064～0.88007,耕地面积12920.00hm²,占全县总耕地面积的19.38%,其中水浇地9915.02hm²,占五级耕地面积的76.74%,旱地3004.98hm²,占五级耕地面积的23.26%,见表7-11。

五级地主要分布在南鲁集镇、孙寺镇、九女集镇、汶上集镇、成武镇、天宫庙镇、伯乐集镇,另外其他乡镇有零星分布。

表7-11 五级地各土地利用类型面积

利用类型	评价单元(个)	面积(hm²)	占总耕地面积(%)	占五级地面积(%)
水浇地	444	9915.02	14.87	76.74
旱 地	152	3004.98	4.51	23.26
合 计	596	12920.00	19.38	100

(二)主要属性分析

五级地位于成武县北部和南部地区,平均海拔38.16m,常年平均降雨量695.11mm。土壤类型主要为典型潮土,少量盐化潮土。土壤表层质地以轻壤、中壤为主,伴有少量砂壤和重壤,土壤容重1.56g/cm³,土体构型主要为壤质黏心、壤质砂心和壤均质,伴有少量的砂均质和砂质黏心。土壤团粒结构,无明显障碍层次,但有较多的轻度侵蚀现象。地貌类型主要为高坡地和平坡地,伴有少量的浅平坡地和洼坡地。农田基础设施较好,灌排能力较好,部分地区采用漫(畦)灌等灌溉方式,灌溉保证率在50%以上。平均地下水位6.00m,主要为0.5～2g/L的弱度矿化水,同时有部分大于2g/L的中度和强度矿化水。地表有不同程度的返盐现象,影响作物的出苗和全苗。作物为一年两熟,主要为麦—玉/豆,少量的麦—棉、其他—蒜—棉等,作物年平均产量为1025.03kg/667m²。土壤速效钾含量偏低,见表7-12。

表7-12 五级地主要养分含量

项目	有机质(g/kg)	有效磷(mg/kg)	速效钾(mg/kg)	有效锌(mg/kg)	有效硼(mg/kg)
平均值	12.04	22.06	117.19	0.96	0.62
范围值	8.1～14.9	9.4～46.7	66～218	0.47～2.6	0.28～2.24
含量水平	中偏上	中偏上	中偏下	中等	中等

(三)存在主要问题

五级地存在的问题:一是部分土壤构型为壤质黏心、壤质砂心、砂均质和砂质壤心,理化性状不良,土壤通透性不好,影响作物生长;二是速效钾含量较低,对作物产量影响较大;三是土壤存在较多的轻度盐渍化现象;四是土壤生态环境欠佳,有较多的轻度侵蚀。

(四)改良利用

改良利用中应多施用有机肥,搞好过腹还田,提高土壤肥力;深翻耕层,改良土壤结构,改善土壤的通透性;在作物生长的关键阶段适时施用钾肥,促进作物的稳产和增产;调整种植业结构,种植绿肥等,改善生态环境。

六、六级地

(一)面积与分布

六级地综合评价指数平均为0.83000～0.86064,面积较少,仅为4160.00hm^2,占总耕地面积的6.24%,其中水浇地3281.39 hm^2,占六级地总面积的78.88%,旱地878.61 hm^2,占六级地总面积的21.12%,见表7-13。

六级地主要分布在汶上集镇、孙寺镇、天宫庙镇,其他乡镇也有零星分布。

表7-13　六级地各土地利用类型面积

利用类型	评价单元(个)	面积(hm^2)	占总耕地面积(%)	占五级地面积(%)
水浇地	175	3281.39	4.92	78.88
旱　地	62	878.61	1.32	21.12
合计	237	4160.00	6.24	100

(二)主要属性分析

六级地零星分布在成武县北部和南部,平均海拔38.56m,平均降雨量694.17mm。土壤类型以典型潮土为主,兼有少量盐化潮土,土壤表层质地以轻壤为主,还有较多的砂壤和中壤,土壤容重1.52g/cm^3,土体构型主要为壤均质、壤质砂心和壤质黏心。土壤团粒结构,无明显障碍层次,但存在较多的轻度侵蚀。微地貌类型主要有高坡地、平坡地和浅平坡地。平均地下水位6.05m,以0.5～2g/L弱矿化度水为主,同时有较多大于2g/L的中度和强度矿化度水,灌溉保证率在50%左右。农田基础设施良好,灌排能力较好,有较多的地区采用漫(畦)灌灌溉方式。作物一年两熟,主要为麦—玉/豆,少量麦—棉、其他—蒜—棉,作物年平均产量为904.96kg/667m^2。土壤养分中速效钾和有效硼含量较低。见表7-14。

表7-14　六级地主要养分含量

项目	有机质(g/kg)	有效磷(mg/kg)	速效钾(mg/kg)	有效锌(mg/kg)	有效硼(mg/kg)
平均值	11.62	21.58	111.95	0.90	0.60
范围值	8.4～15	9.3～35.5	66～226	0.51～2.01	0.24～1.24
含量水平	中等	中偏上	中偏下	中等	中偏下

(三)存在的主要问题

六级地存在的主要问题:一是存在较多的壤质砂心和壤质黏心土体构型,影响土壤的通透性；二是农田的灌溉保证率比较低，难以满足大田作物生长的需要；三是该地区地下水矿化度含量相对较高，易造成土壤的轻度盐渍化；四是土壤有轻度侵蚀，易造成养分的流失。五是土壤养分中速效钾和有效硼含量较低，不利于作物的生长。

(四)改良利用

多施用有机肥，培肥地力，改善土壤的理化性质；深翻土壤，改良土壤结构，调节土壤的通透性；加强对农田基础设施的完善和维护，提高灌溉保证率；利用地下水资源合理灌溉，避免盐分在土壤表层的大量积累，加剧土壤盐渍化；合理耕作与管理，改善土壤生态环境；补充适量的速效钾和有效硼，增加作物产量。

七、七级地

(一)面积与分布

七级地综合评价指数平均为 0.74083～0.83000，面积较少，仅为 1613.33hm²，占总耕地面积的 2.42%，其中水浇地 1337.48hm²，占七级地总面积的 82.90%，旱地 275.85hm²，占七级地总面积的 17.10%，见表 7-15。

七级地主要分布在汶上集镇、南鲁集镇，在孙寺镇、九女集镇、党集乡和天宫庙镇有零星分布。

表 7-15　　七级地各土地利用类型面积

利用类型	评价单元(个)	面积(hm²)	占总耕地面积(%)	占五级地面积(%)
水浇地	74	1337.48	2.01	82.90
旱　地	11	275.85	0.41	17.10
合　计	85	1613.33	2.42	100

(二)主要属性分析

七级地零星分布在成武县北部和南部，面积较小，平均海拔 39.67m，年平均降雨量 693.78mm。土壤主要为典型潮土，表层质地主要为轻壤，同时有少量砂壤和中壤，土壤容重 1.55g/cm³，土体构型主要为壤质砂心和壤质黏心，同时有少量的壤均质和砂均质。土壤团粒结构，无明显障碍层次，但有较多的轻度侵蚀情况。微地貌类型主要为高坡地和平坡地。土壤存在少量的轻度、中度以及重度盐渍化现象，影响作物生长。地下水平均埋深 6.61m，矿化度含量多数在 0.5～2g/L。农田基础设施较好，灌排能力中等，有较多的漫(畦)灌形式，灌溉保证率在 20%左右。作物一年两熟，主要为麦—玉/豆，同时有部分麦—棉、其他—蒜—棉等，作物年平均产量 850.22kg/667m²。养分中有效磷和有效硼含量较低。见表 7-16。

表 7-16 七级地主要养分含量

项目	有机质 (g/kg)	有效磷 (mg/kg)	速效钾 (mg/kg)	有效锌 (mg/kg)	有效硼 (mg/kg)
平均值	11.71	19.36	122.19	0.96	0.58
范围值	9～14	9.1～27.7	55～197	0.59～1.68	0.32～0.95
含量水平	中等	中偏下	中等	中等	中偏下

(三)存在的主要问题

土壤结构影响土壤的通透性,有待改善;部分地区存在不同程度的盐渍化现象,影响作物的生长;部分地区采用漫(畦)灌的灌溉方式,浪费水资源;灌溉保证率较低,亟待提高;土壤生态环境较差,造成轻度侵蚀;有效磷和有效硼含量较低。

(四)改良利用

通过深翻土壤,改良土壤结构;扩大水源,合理灌溉,避免盐渍化的进一步发生;发展管灌,提高水资源利用率;合理耕作与管理,改善土壤生态环境;增加有效磷和有效硼含量,促进作物的生长和产量的增加。

第八章 耕地资源合理利用与改良

耕地是农业生产和农业可持续发展的重要基础。耕地维持着作物生产力、影响着环境的质量和动物、植物甚至人类的健康。自1979～1985年第二次土壤普查以来，随着农村经营体制、耕作制度、作物品种、种植结构、产量水平和肥料使用等方面的显著变化，耕地利用状况也发生了明显改变。近年来，虽然对部分耕地实施了地力监测，但至今对区域中、低产耕地状况及其障碍因素等缺乏系统性、实用性的调查分析，使耕地利用与改良难以适应新形势农业生产发展的要求。因此，开展区域耕地地力调查评价，摸清区域中、低产耕地状况及其障碍因素，有的放矢地开展中、低产耕地的科学改良利用，挖掘区域耕地的生产潜力，对于成武县耕地资源的可持续利用具有十分重要的意义。

第一节 耕地改良利用分区原则与分区系统

一、耕地改良利用分区的原则

耕地改良利用区划的基本原则是：从耕地自然条件出发，主导性、综合性、实用性和可操作性相结合，按照因地制宜、因土适用、合理利用和配置耕地资源，充分发挥各类耕地的生产潜力，坚持用地与养地相结合，近期与长远相结合的原则进行。以土壤组合类型、肥力水平、改良方向和主要改良措施的一致性为主要依据，同时考虑地貌、气候、水文和生态等条件以及植被类型，参照历史与现状等因素综合考虑进行分区。

二、耕地改良利用分区系统

根据耕地改良利用原则，将影响耕地利用的各类限制因素归纳为耕地自然环境要素、耕地土壤养分要素和耕地土壤物理要素，将全县耕地改良利用划分为三个改良利用类型区，即：耕地自然环境条件改良利用区、耕地土壤培肥改良利用区、耕地土体整治改良利用区，并分别用大写字母E、N和P表示。各改良利用类型区内，再根据相应的限制性主导因子，续分为相应的具体改良利用亚类。

第二节　耕地改良利用分区方法

一、耕地改良利用分区因子的确定

耕地改良利用分区因子是指参与评定改良利用分区类型的耕地诸属性。由于影响的因素很多，根据耕地地力评价，遵循主导因素原则、差异性原则、稳定性原则、敏感性原则，进行了限制主导因素的选取。考虑与耕地地力评价中评价因素的一致性，还有各土壤养分的丰缺状况及其相关要素的变异情况，选取耕地土壤有机质含量、耕地土壤有效磷含量、耕地土壤速效钾含量、耕地土壤有效锌含量和耕地土壤有效硼含量等因素作为耕地土壤养分状况的限制性主导因子；选取灌溉保证率、盐渍化水平作为耕地自然环境状况的限制性主导因子；选取耕层质地条件和土体构型条件等作为耕地土壤物理状况的限制性主导因子。

二、耕地改良利用分区标准

依据农业部《全国中、低产田类型划分与改良技术规范》，根据山东省各县区耕地地力评价资料，综合分析目前全省各耕地改良利用因素的现状水平，同时针对影响成武县耕地利用水平的主要因素，邀请有土壤管理经验的相关专家进行分析，制定了耕地改良利用各主导因子的分区及其耕地改良利用类型的确定标准。具体分级标准见表 8-1。

表 8-1　　耕地改良利用主导因子分区标准

耕地改良利用区划	限制因子	代号	分区标准
耕地土壤培肥改良利用区(N)	有机质(o,g/kg)	No	<12
	有效磷(p,mg/kg)	Np	<15
	速效钾(k,mg/kg)	Nk	<100
	有效锌(zn,mg/kg)	Nzn	<0.5
	有效硼(b,mg/kg)	Nb	<0.5
耕地自然环境条件改良利用区(E)	灌溉保证(i,%)	Ei	灌溉保障率低于 50%
	盐渍化(s)	Es	盐渍化程度轻度以上
耕地土体整治改良利用区(P)	耕层质地(t)	Pt	砂土、砂壤、粗骨土
	土体构型(c)	Pc	土体中有障碍层次

三、耕地改良利用分区方法

在 GIS 支持下，利用耕地地力评价单元图，根据耕地改良利用各主导因子分区标准在其相应的属性库中进行检索分析，确定各单元相应的耕地改良利用类型，通过图面编辑生成耕地改良利用分区图，并统计各类型面积比例。

第三节　耕地改良利用分区专题图的生成

一、耕地土壤培肥改良利用分区图的生成

根据耕地土壤养分限制因素分区标准把成武县耕地分为两类，即有机质改良利用区和有机质非改良利用区，有机质改良利用区以代号 No 标注；同样，有效磷改良利用区用代号 Np 标注，速效钾改良利用区用代号 Nk 标注，有效锌改良利用区用符号 Nzn 标注，有效硼改良利用区用代号 Nb 表示。编辑生成耕地土壤培肥改良利用分区图（图 8-1）。

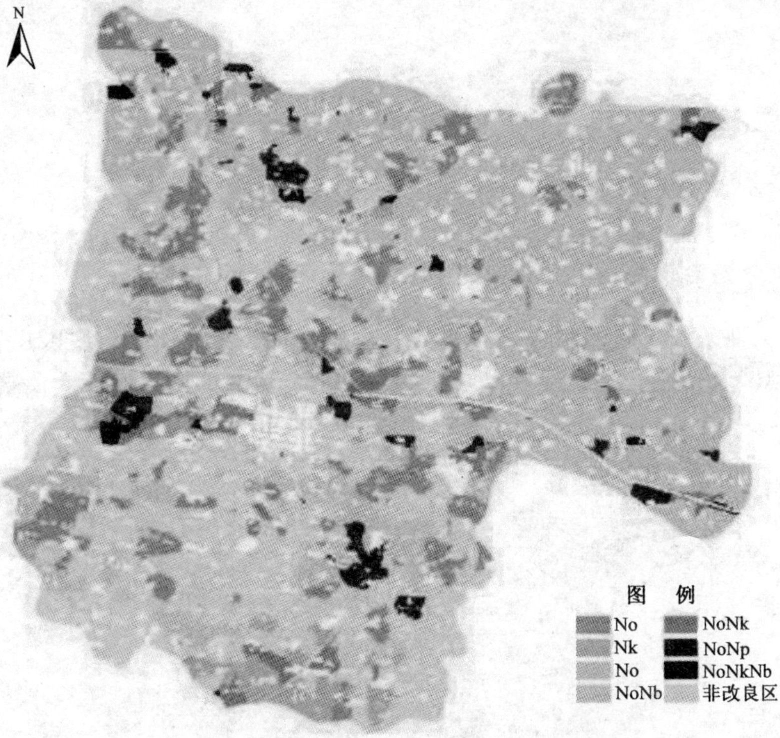

图 8-1　耕地土壤培肥改良利用分区图

二、耕地自然环境条件改良利用分区图的生成

根据耕地自然环境条件限制因素分区标准进行成武县耕地改良利用分区。灌溉保证条件分为灌溉保证条件改良利用区和灌溉保证条件非改良利用区，改良利用区用代号 Ei 标注；盐渍化程度分为盐渍化改良利用区和非改良利用区，盐渍化改良利用区以代号 Es 标注，结果见图 8-2。

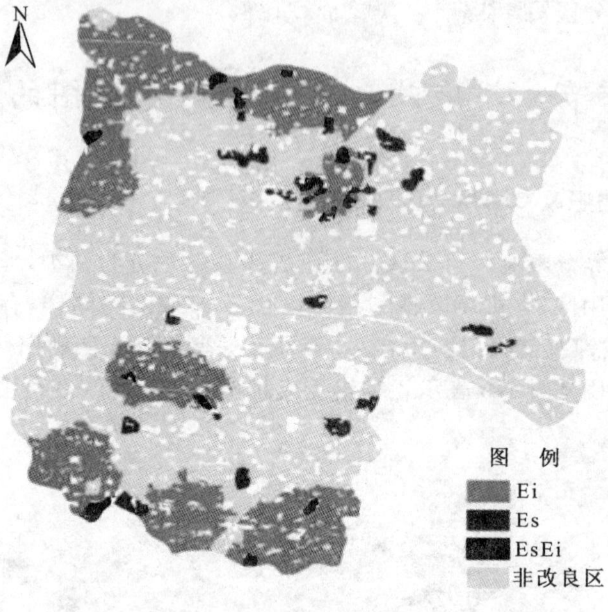

图 8-2 耕地自然环境条件改良利用分区图

三、耕地土体整治改良利用分区图的生成

根据耕地土地条件限制因素分区标准，耕地耕层质地条件改良利用区用符号 Pt 标注，耕地土体构型改良利用区用符号 Pc 标注。在 GIS 下检索生成耕地土体整治改良利用分区图(图 8-3)。

图 8-3 耕地土体整治改良利用分区图

第四节 耕地改良利用分区结果分析

一、耕地土壤培肥改良利用分区面积统计及问题分析

成武县耕地土壤培肥改良利用分区各改良利用类型面积及其比例，见表 8-2。

表 8-2　　成武县耕地土壤培肥改良利用分区面积统计表

改良利用分区	Nb	Nk	No	NoNb	NoNk	NoNp	NoNkNb	非改良区
面积(hm^2)	6264.16	1971.87	23583.37	7877.28	2036.17	951.54	783.75	23198.53
百分比(%)	9.40	2.96	35.38	11.82	3.05	1.43	1.18	34.80

由图 8-1 和表 8-2 可以看出，成武县土壤养分状况有待提高，土壤养分需要培肥改良的耕地占总耕地面积的 65.20%，多分布在北部和东北部地区，包括大田集镇、南鲁集镇、张楼乡、汶上集镇、白浮图镇、苟村集镇和成武镇，此外伯乐集镇、党集乡、九女集镇、孙寺镇和天宫庙镇也有分布。其中有机质、速效钾和有效硼含量都比较少的耕地面积为783.75hm^2，占耕地总面积的 1.18%，缺少有机质和有效硼的耕地面积为 7877.28hm^2，缺少有机质和速效钾的耕地面积为 2036.17hm^2，缺少有机质和有效磷的耕地面积为 951.54hm^2。单一缺少有机质、有效硼和速效钾的耕地面积分别为 23583.37hm^2、6264.16hm^2 和 1971.87hm^2。从各类型面积比例看出，成武县耕地土壤培肥改良的主要方向为增施有机肥料、钾肥和硼肥，同时应注重磷肥的施用，逐步提高土壤有效磷含量。

二、耕地自然环境条件改良利用分区面积统计及问题分析

成武县耕地自然环境条件改良利用分区各改良利用类型面积及其比例，见表 8-3。

表 8-3　　成武县耕地自然环境条件改良利用分区面积统计表

改良利用分区	Es	Ei	EiEs	非改良区
面积(hm^2)	1504.41	17145.10	603.23	47413.93
百分比(%)	2.26	25.72	0.9	71.12

由图 8-2 和表 8-3 可以看出，成武县耕地自然环境条件总体较好，耕地自然环境条件 71.12%的面积不需改良，需要改良的面积仅占总面积的 28.88%，主要分布在成武县的南部和西北部边缘地区，包括汶上集镇、南鲁集镇、孙寺镇、天宫庙镇和九女集镇，此外成武县的中部地区也有零星分布，包括伯乐集镇、成武镇、党集乡、大田集镇、苟村集镇和白浮图镇。灌溉保证水平和盐渍化水平都需改良的耕地面积为 603.23hm^2，占耕地总面积的 0.9%，盐渍化水平需要治理的耕地面积为 1504.41hm^2，占耕地总面积的 2.26%，灌溉水平需要改善的耕地面积为 17145.10hm^2，占耕地总面积的 25.72%。可见，成武县耕地自然环境条件改良利用的主要方向为改善耕地灌溉条件，提高灌溉保障率，其次应防止土壤的次生盐渍化。

三、耕地土体整治改良利用分区面积统计及问题分析

成武县耕地土体整治改良利用分区各改良利用类型面积及其比例见表 8-4。

表 8-4 成武县耕地土体整治改良利用分区面积统计表

改良利用分区	Pc	Pt	PtPc	非改良区
面积(hm^2)	18408.92	2807.31	3828.00	41622.43
百分比(%)	27.61	4.21	5.74	62.43

由图 8-3 和表 8-4 可以看出,成武县耕地土体结构整体较好,土体条件好不需改良的面积为 41622.43hm^2,占耕地总面积的 62.43%。需要改良的面积占 37.57%,主要分布在成武县中部和北部地区,此外成武县南部也有零星分布,包括九女集镇、汶上集镇、大田集镇、党集乡和张楼乡,其他乡镇有零星分布。耕层质地和土体构型情况都比较差的耕地面积为 3828.00hm^2,占耕地总面积的 5.74%,耕层质地比较差的耕地面积为 2807.31hm^2,占耕地总面积的 4.21%,土体构型比较差的耕地面积为 18408.92hm^2,占耕地总面积的 27.61%。采取秸秆还田、增施有机肥料、深耕等措施,改良偏砂的土壤表层质地及不良的土体结构,是成武县耕地土体整治改良的主要方向。

第五节 耕地改良利用对策及措施

一、增加经济投入,加大耕地保护力度

农业是既要承担自然风险又有市场风险的弱质产业,保护农业是国民经济发展中面临的重大问题。由于调控体制不健全,受比较利益驱使,各层次资金投入重点向非农业倾斜,资金投入不足已成为农业生产发展的主要制约因素。要达到农业增产的途径就要增加耕地投入,加强中低产田改造,不断提高耕地的质量,从而提高耕地利用的经济效益。成武县应进一步加强对耕地改良利用的投入,通过对耕地的改良逐步消除制约耕地生产力的限制因素,培肥地力,改善农业生产条件和农田生态环境。

二、平衡施肥,用养结合,增施有机肥料,培肥地力

长期以来,成武县在耕地开发利用上重利用,轻培肥,重化肥,轻有机肥,虽然全县化肥的施用量逐年增加,但有机肥投入量却逐年减少,且投入的化肥以氮磷肥为主,引起土壤养分特别是有机质含量的下降和矿质养分的失衡,导致耕地肥力下降。全县具有土壤养分含量限制性因素,需要培肥的耕地总面积 43468.14hm^2,占全县耕地总面积的 65.20%,因此要持续提高中低产耕地的基础地力,为农作物生长创造高产基础,必须将用土与养土妥善结合起来,广辟有机肥源,重视有机肥的施用,提倡冬种绿肥和使用有机—无机复混肥。同时应利用中低产耕地调查评价成果,科学指导化肥的调配,采用科学优化平衡施肥,重视合理增施有机肥、钾肥及微肥,不断培肥地力,实现中、低产耕地资源的持

续利用。

三、加强水利建设，改善灌溉条件，注重盐碱地的改良

水是作物生长的必要条件，灌排条件与耕地的基础地力有着密切的关系，因而可以通过采取以下措施，实现自然降水的空间聚集，改善区域农田的土壤水分状况，推广节水灌溉技术，改善和扩大灌溉面积。

1. 健全灌溉工程，改善灌区输水、配水设备，加强灌溉作业管理，改进地面灌溉技术，采用增产、增值的节水灌溉方法和灌溉技术。加强水利建设，修筑田埂，防止水土冲刷；安排好水利规划，修好水渠，制止渗漏，加强管理，提高引灌水的利用率。

2. 人工富集天然降水，建造大、中、小型蓄水池、塘等蓄水体系，将集纳雨水、拦截径流和蓄水有效结合起来，在作物需水的关键时期进行灌溉，解决作物的需求和降水错位的矛盾，以充分发挥水分的增产效果。

3. 改善土壤结构，增加土壤的蓄水能力，通过对土壤增施有机物料（如施用有机肥，秸秆还田等）和应用土壤改良剂，改良土壤结构，增强土壤结构的稳定性，提高土壤对降水的入渗速率和持水量。

四、采用农业措施改良土壤质地，改善土体结构

成武县耕地土壤限制性因素主要为耕层土壤沙化，可以采用以肥改沙的方法，一方面增加土壤中养分含量；另一方面增加土壤中的有机胶体，对改良土壤沙化和提高土壤肥力有显著的作用。此外选择适宜性的作物种植，既能改善土壤性质又能获得较好的经济效益。因而因地制宜的发展当地名优产品，是适应自然，提高经济效益的有效措施。

耕地生态环境质量的高低是保证农作物持续稳产、高产、优产、高效的重要前提。根据成武县资源优势以及生态环境的特点，因地制宜地利用耕地资源，通过合理轮作、科学间套种等措施，增加复种指数，努力提高耕地资源的利用率；注重多物种、多层次、多时序、多级质能、多种产业的有机结合，农、林、牧、副、渔并举，建立生态型可持续农业系统，达到经济、生态和社会效益的高度统一。此外，应重新审视耕地承包到户政策所致的耕地经营权分散在新形势下出现的不利耕地资源规模集约经营的缺点，努力探讨建立“公司＋农户”或各种专业化合作组织等耕地规模集约经营模式，提高全县耕地资源的集约经营和经济效益。

第二篇　耕地资源可持续利用对策与建议

第九章　耕地地力与测土配方施肥

耕地地力评价就是充分利用测土配方施肥数据，挖掘第二次土壤普查成果和近年来土壤监测等在内的历史数据，摸清耕地生产潜力、土壤障碍因素，建立测土配方施肥数据库和县域耕地地力资源管理系统，对不同尺度或区域的耕地的基础地力（耕地养分状况、肥力状况、地力状况）进行评价，并开展成果应用。

开展耕地地力评价是测土配方施肥补贴项目的一项重要内容，是保护耕地质量、提高土地生产力和效率以及保证农业可持续发展的重要工作，是无公害特色农业发展和农业资源污染防治的客观要求，是保护和提高农业综合生产能力、加强耕地质量建设、构建耕地质量预警系统的重要举措，同时也是确保农产品质量安全、增加农产品市场竞争力的有效措施。进一步了解施肥对作物及土壤养分变化规律，掌握土壤肥力动态变化趋势，为合理利用土壤资源、保护和提高地力、指导农业生产提供科学依据。

第一节　成武县耕层土壤养分评价状况

一、土壤有机质

土壤有机质是土壤的重要组成部分，与土壤的发生演变及肥力水平等有着密切的关系。土壤有机质含有作物生长所需的各种养分，可直接或间接地为作物生长提供氮、磷、钾、钙、镁、硫等各种元素，同时还是微生物生命活动的能源。有机质具有改善土壤理化性状，影响和制约土壤结构形成及通气性、渗透性、缓冲性、交换性和保水保肥性，同时土壤有机质含量也是估测土壤有机氮矿化量的重要方法之一，是评价耕地地力的重要指标。因此，要保持和提高土壤有机质含量。

据土样分析结果统计，全县耕地土壤有机质平均为 11.9g/kg，变幅为 5.0～23.1g/kg，含量在 11～13g/kg 的面积占 58.5%，含量低于 10g/kg 的面积占 5.3%，有机质含量及分级见表 9-1。

表 9-1 耕层土壤有机质分级及面积

级别	1	2	3	4	5
范围	＞13	12～13	11～12	10～11	＜10
耕地面积(hm^2)	12734.8	18069.9	20965.0	11369.8	3527.3
占耕地比例(%)	19.1	27.1	31.4	17.1	5.3
主要分布区域	孙寺、天宫西北、伯乐、成武镇西北	孙寺、天宫、九女、伯乐、成武、苟村	张楼、白浮、田集、南鲁、汶上、党集、苟村北部	白浮、张楼、田集、南鲁、汶上、苟村	白浮、张楼、田集、南鲁、汶上

全县有机质属中等偏低水平，从区域分布来看，东部乡镇如田集、张楼、白浮等土壤有机质含量较低，其他乡镇相对较高。土壤有机质的含量取决于年生成量和年矿化量的相对大小，当生成量大于矿化量时，有机质含量会逐步增加，反之，将会逐步降低。土壤有机质矿化量主要受土壤温度、湿度、通气状况、有机质含量等因素影响。一般来说，土壤温度低、通气性差、湿度大时，土壤有机质矿化量较低；相反，土壤温度高、通气性好、湿度适中时，则有利于土壤有机质的矿化。农业生产中应注意创造条件，减少土壤有机质矿化量。保护地栽培条件下，土壤长期处于高温多湿条件，有机质易矿化，含量提高缓慢，这是有机质含量偏低的一个主要原因，适时通风降温、减少盖膜时间将有利于土壤有机质的积累。

增加有机物质施入量是人为增加土壤有机质含量的主要途径，其方法主要有秸秆还田、增施有机肥、施用有机无机复混肥三种。

二、土壤大量元素

1. 土壤全氮

氮素是一般植物需要较多的一个必需营养元素。土壤全氮是土壤中氮素的总量，反映氮素供应状况的潜力。

据土样分析结果统计，全县土壤全氮平均含量为 0.836g/kg，变幅为 0.456～1.405g/kg，含量 0.8～0.9g/kg 的占 58.3%，土壤全氮含量及分级见表 9-2。

表 9-2 耕层土壤全氮分级及面积

级别	1	2	3	4	5
范围	＞1.0	0.9～1.0	0.8～0.9	0.7～0.8	＜0.7
耕地面积(hm^2)	507.8	8299.7	38888.9	17481.3	1488.5
占耕地比例(%)	0.8	12.4	58.3	26.2	2.2
主要分布区域	孙寺、天宫、苟村、九女	天宫、孙寺、九女、苟村	汶上、伯乐、九女、苟村、南鲁	白浮、张楼、田集、党集	张楼北、南鲁西、苟村西

土壤碱解氮的含量水平常作为衡量土壤供氮水平的指标。碱解氮含量与全氮量呈明显的正相关。

据土样分析结果统计，全县土壤碱解氮平均含量为 61mg/kg，变幅为 23～116mg/kg，其含量及分级面积见表 9-3。

表 9-3 耕层土壤碱解氮分级及面积

级别	1	2	3	4	5	6
范围	＞60	50～60	40～50	30～40	20～30	＜20
耕地面积（hm^2）	8369.4	20913.0	12511.7	6111.6	10345.1	8415.9
占耕地比例（%）	12.6	31.4	18.8	9.2	15.5	12.6
主要分布区域	白浮、田集、荀村	白浮、张楼、田集、荀村、九女	天宫、孙寺、九女、伯乐、南鲁	张楼、白浮、田集、九女、汶上北	南鲁、党集、汶上、成武、孙寺	党集、成武、南鲁、孙寺

碱解氮含量在 50～60mg/kg 的面积占 31.4%，主要分布在白浮、张楼、田集、荀村等乡镇，含量在 50mg/kg 的主要是大田蔬菜地和大棚，而粮田含量相对较低。

2. 土壤有效磷

土壤有效磷含量是衡量土壤养分容量和强度水平的重要指标。它包括土壤溶液中易溶性磷酸盐、土壤胶体吸附的磷酸根离子和易矿化的有机磷。由于磷在土壤中移动性很小，各地施肥水平差异也较大，测定数值高低悬殊。据土样分析结果统计，全县平均含量为 23.5mg/kg，变幅为 5.1～78.7mg/kg，有效磷分级及面积见表 9-4。

表 9-4 耕层土壤有效磷分级及面积

级别	1	2	3	4	5	6
范围	＞40	30～40	20～30	16～20	10～16	＜10
耕地面积（hm^2）	107.4	5257.7	13831.7	38132.3	8598.1	739.4
占耕地比例（%）	0.2	7.9	20.7	57.2	12.3	1.1
主要分布区域	成武镇、荀村南、孙寺	汶上东、伯乐北、九女南、孙寺、白浮南	孙寺、天宫、九女、党集、伯乐、南鲁、荀村、白浮南	白浮、田集、党集、南鲁、九女、天宫	张楼、田集、汶上西北、九女北	张楼、汶上西北、九女北

有效磷含量在 16～30mg/kg，占 77.9%，低于 16mg/kg 的占 13.4%，部分地块需要补充磷肥。

3. 土壤缓效钾

全县耕层土壤缓效钾平均含量为 974mg/kg，变幅为 500～1481mg/kg，其含量及分级面积见表 9-5。

表 9-5 耕层土壤缓效钾分级及面积

级别	1	2	3	4	5
范围	>800	600～800	400～600	200～400	<200
耕地面积(hm^2)	5073.2	14222.0	21228.5	17517.5	8625.6
占耕地比例(%)	7.6	2.1	31.8	26.3	12.9
主要分布区域	党集、九女、南鲁、张楼、张楼北、孙寺	党集、南鲁、九女、孙寺、张楼北	白浮、张楼、田集、伯乐、九女南	白浮、田集、苟村、九女、汶上、成武镇	汶上西、白浮南、成武镇、汶上西

4. 土壤速效钾

全县耕层土壤速效钾含量为124mg/kg,变幅为48～458mg/kg,其含量分级及面积见表9-6。

表 9-6 耕层土壤速效钾分级及面积

级别	1	2	3	4	5	6	7
范围	>180	160～180	140～160	120～140	100～120	80～100	<80
耕地面积(hm^2)	642.8	6785.4	22302.1	26002.2	7199.8	3078.4	656.2
占耕地比例(%)	1.0	10.2	33.5	39.0	10.8	4.6	1
主要分布区域	天宫东南、九女北	孙寺南、九女北、苟村西、汶上北、天宫东南	九女南、伯乐南、孙寺、苟村、汶上北、白浮东南、天宫东南、田集东北	白浮、田集、张楼、党集、伯乐北、南鲁东、天宫西北	白浮、党集、成武镇东南	白浮北、张楼东、党集东、田集北、成武镇西北	白浮北、党集东、田集北、成武镇西北

速效钾含量在100mg/kg以上的占94.4%,从区域分布来看,中西部乡镇速效钾含量相对较高,东部乡镇速效钾含量相对偏低,由于东部几个乡镇多年来小麦、玉米等粮食作物种植面积较小,秸秆资源少,且有机肥投入不足,造成土壤钾素降低,今后应注重有机肥及钾肥的投入。

5. 土壤 pH

土壤的酸碱度是土壤形成过程综合因子作用的结果,土壤pH是土壤的基本性质之一,也是影响土壤肥力的重要因素之一。它直接影响土壤中各营养元素的存在形态、转化、有效性和可利用性。

土壤酸碱性通过影响矿质盐分的溶解度而影响养分的有效性,土壤中大、中微量元素的有效性均随土壤溶液的酸碱度的不同而发生着明显变化。同时,土壤酸碱性还制约微生物活动,对有机质的矿化过程也有一定的影响。有机质在酸性条件下分解较慢,但以中性和微碱性最适宜。通常pH为6～8,土壤中碱解氮的含量较多,固氮根瘤菌在pH降至6.0以下时固氮能力明显下降。土壤酸碱性对磷酸盐的形态和有效性影响较大土壤pH

<5.5 时，磷酸根与铁、磷酸铝结合形成闭蓄态磷酸铁、铝而失去有效性。土壤 pH 在 5.6～7.5 的范围内，磷酸盐的有效性最大。当 pH 大于 7.5，土壤中的磷容易生成难溶性的磷酸盐，作物难以吸收利用。据资料记载，当 pH 为 7.0～7.5 时，有效磷为 17.3mg/kg，pH 大于 7.5 时，有效磷为 9.07mg/kg。成武县土壤 pH，对氮素的有效转化有利，对磷素易于被固定，这样，对土壤中氮、磷比例不协调，是一个先天性因素。土壤酸碱性也影响着钾的吸附量，酸性土和盐基饱和度低的土壤其交换性钾含量低于中性土和盐基饱和度大的土壤。土壤酸碱性对土壤微量元素的有效性影响非常明显，钼的有效性随土壤 pH 的降低而减小，硼的有效性在 pH 的一定范围内随 pH 的升高而增加，铁、锰、锌的有效性随 pH 的降低而增加。

成武县地处黄泛平原，成土母质为黄河冲积物，由黄河从上游黄土高原携带大量泥沙沉积而成，黄土富含钙质，故成武县土壤石灰反应强烈，土壤呈微碱至碱性。

据土样分析结果统计，成武县耕地土壤 pH 平均值为 7.92，变幅为 7.50～8.45，分级及面积见表 9-7。

9-7　　耕层土壤 pH 值分级及面积

级别	1	2	3	4	5
范围	<7.8	7.8～7.9	7.9～8.0	8.0～8.1	>8.1
耕地面积(hm²)	759.6	11823.7	48455.0	796.9	4831.5
占耕地比例(%)	1.1	17.7	72.7	1.2	7.2
主要分布区域	成武镇、党集北、汶上	汶上、党集、白浮东南、成武镇	天宫、九女、党集、南鲁	伯乐、苟村、孙寺、白浮、张楼、田集	孙寺、张楼

全县土壤呈微碱至碱性，要注意增施有机肥，施用生理酸性肥料，不宜施用碱性肥料。

第二节　农田养分变化原因分析

全县耕地综合生产能力总体水平不高，还存在一些不可忽视的问题。

一、重用轻养，有机肥用量严重偏低

一是有机肥施用量偏少，据统计蔬菜田平均施有机肥 17070kg/hm²，在有机肥的施用上有 40%的农户直接施用新鲜或半腐熟的有机肥；二是过量施肥，导致土壤盐渍化、作物病害加重、产品质量下降；三是肥料配比不合理，据统计粮田年平均施用化肥实物量 2140.5kg/hm²，折合 N 442.5kg/hm²，P_2O_5 243kg/hm²，K_2O 21kg/hm²，N∶P_2O_5∶K_2O 为 1∶0.55∶0.05，蔬菜田年平均施用化肥实物量 5871kg/hm²，折合纯 N852kg/hm²，P_2O_5 672kg/hm²，K_2O 408kg/hm²，N∶P_2O_5∶K_2O 为 1∶0.79∶0.48，与作物需要量相比明显不平衡，由于养分不协调，破坏了土壤结构和土壤养分平衡，导致土壤盐渍化。

二、肥料使用方法不当

突出表现在肥料做基肥使用时深度不够，且有撒施现象，部分区域农户在追施玉米复合肥料时甚至一撒了之。

三、土壤养分不平衡

大部分地区土壤磷含量呈下降趋势。项目区氮肥用量普遍偏高，磷肥不足，化肥的过量使用与不合理的比例，导致化肥资源浪费、化肥利用率降低，土壤出现盐渍化和结构变劣等问题。

根据土壤养分状况及农作物不同需求以及产量要求，要科学、合理地施用化学肥料，真正做到低成本、高效益。

四、购肥理念和施肥技术落后

由于一家一户的分散经营，农民施肥的分散性大，科学施肥技术到位率低。通过采样点农户调查结果得知，农民在购肥决策上，依据肥料价格的占 67 %，按 N、P、K 养分含量的占 28 %，按大、中、微量元素配合的仅占 5 %；农民确定施肥量，依据地力的占 19.1 %，依据习惯的占 71 %。虽然有 19.1 %的农户知道根据地力来确定施肥量，但在实际操作中即缺乏土壤检测手段，又缺乏施肥技术指导，只能进行粗略定性或定量，因而购肥、施肥带有很大的盲目性。其结果是既增加了生产成本，又降低了肥料利用率，还造成了环境污染。

第三节 根据土壤养分评价结果建立主要作物施肥指标体系

一、小麦大田校验施肥量的确定

依据测土配方施肥的原理，针对测土结果，确定了小麦施肥量的理论计算方法。

经验模式法：$NT=0.025\times YM+CN$

高产田有机质低于 12g/kg，中、低产田有机质低于 9g/kg，$CN=4$。

$PT=0.015\times YM+(15-PS)\times 0.1+CP$

式中，NT、PT 为每亩氮磷推荐量，YM 为目标产量，PS 为耕层土壤有效磷测定值，CN、CP 为基础参数。

土壤速效钾含量高于 100mg/kg 或单产低于 350kg，不施钾肥；土壤速效钾含量 85～100mg/kg，施钾肥 6kg；70～85mg/kg，施钾肥 8kg；低于 70mg/kg，施钾肥 12kg。

小麦产量高于 400kg 的地块，每增加 10kg 小麦，建议亩增施纯 N 0.25kg，P_2O_5 0.1kg，K_2O 0.3kg；低于 400kg 的地块，每减少 10kg 小麦，亩减施纯氮 0.20kg，P_2O_5 0.1kg，K_2O 0.25kg。小麦施肥方法，氮肥 40 %基施，60 %追施；中量元素考虑所选化肥品种；微量元素按丰缺程度适当增减。

根据土壤磷高、钾低的养分状况，以及氮、磷、钾肥施用比例失调的现状，在小麦的生产中，实施了“控氮、稳磷、补钾”技术，重点加大了“补钾工程”的力度，推广了“高钾低磷”配方肥见表 9-8。

表 9-8 小麦推荐施肥量

目标产量($kg/667m^2$)	小麦推荐施肥量($kg/667m^2$)						
	N	土壤有效磷(mg/kg)			土壤速效钾(mg/kg)		
		<15	15～30	>30	<75	75～100	>100
300	10～12	6～7	5～6	1～2	5	3	0
400	12～14	8	7	3	6	5	3
500	14～16	9	8	4	9	7	5

二、玉米施肥量的计算

经验模式法：$NT=0.02\times YM+CN$

$$PT=0.02\times(YM-400)+(15-PS)\times0.15+CP$$

式中 NT、PT 为每亩氮磷推荐量，YM 为目标产量，PS 为耕层土壤有效磷测定值，CN、CP 为基础参数。

$YM>400$ 时使用，低于 400 时不施磷肥。

尿素用量＝(0.02×目标产量＋CN)÷0.46

式中 CN 为基础参数：土壤有机质＞1.2 %，$CN=2$；土壤有机质 0.9 %～1.2 %，$CN=4$；土壤有机质＜0.9%，$CN=5$。

过磷酸钙用量＝[0.02×(目标产量－400)＋(15－土壤有效磷测定值)×0.15＋1]÷0.12(玉米产量高于 400kg 时使用，低于 400kg 时不施磷肥)

氯化钾用量的确定：土壤速效钾含量高于 100mg/kg 或单产低于 400kg，不施钾肥；土壤速效钾 85～100mg/kg，7kg；70～85mg/kg，10kg；低于 70mg/kg，13kg。

重点实施了“增钾、补锌”的配方施肥技术。

表 9-9 玉米施肥量推荐

目标产量($kg/667m^2$)	玉米推荐施肥量($kg/667m^2$)						
	N	土壤有效磷(mg/kg)			土壤速效钾(mg/kg)		
		<15	15～30	>30	<75	75～100	>100
400	12～14	0	0	0	5	0	0
500	14～16	2.5	1.5	1	6	5	3
600	16～18	4	3	2	8	8	5

第四节 结合土壤养分评价,科学配方

一、配方制定依据

配方的制定是一个十分科学和周密的过程。测土配方施肥必须遵循有机无机相结合,氮、磷、钾相配合,用地养地相结合三大原则。首先,对土壤样品测试结果进行分析汇总,摸清土壤养分状况并进行分级。其次,对肥效对比试验的结果进行评价,得出作物最佳施肥时间、施肥方法、施肥量。结合不同作物的目标产量,组织专家研究制定配方。养分的确定有地力分级法、养分平衡法、田间试验法(肥料函数效应法、养分丰缺指标法)以及氮、磷、钾比例法等。本次采取的主要方法是养分平衡法。养分平衡法是国内外最基本、最重要的方法,此法根据农作物需肥量与土壤供肥量之差,来计算实现目标产量(计划产量)的施肥量。因为农作物需要的养分由土壤和肥料两个方面供给,具体应用养分平衡公式进行计算,也就是由目标产量、农作物单位产量需肥量、土壤供肥量、肥料利用率和肥料中有效养分含量五大参数计算得到。

二、配方肥制定过程

推荐施肥量及配方设计是在采样、化验、田间试验等大量关键性基础工作之上,结合有关作物的需肥规律,并兼顾全县群众的用肥习惯而提出的,根据养分含量设计配方。专用肥配方可以校正土壤养分的丰缺为主要依据来设计,现总结如下:

1.按对象作物(如用于小麦、玉米等)的营养要求,对照复合肥使用区域土壤的测试结果,确定土壤养分的丰缺指标。

2.按上述丰缺标准,对照土壤实测的养分含量水平分布,确定每种主要养分(N、P_2O_5、K_2O)的丰缺程度与对象作物种植地区的丰缺普遍性(用丰缺面积(%)表示)。丰缺程度可分几个档次,如分别以二档为例,选用下述标准。

养分丰缺	配方肥料中养分比例的修正幅度(%)
很丰富	降低比例≤60
丰　富	降低比例≤30
缺　乏	升高比例≥30
很缺乏	升高比例≥60

具体升高、降低标准可因作物和土壤供肥力的不同而异。

丰缺的面积一般可分几档,如也可分两档,并规定相应的面积比例:任一养分的含量普遍丰富(或普遍缺乏),达到土壤测试值理解标准的,估计面积高于70%;任一养分的含量丰富(或缺乏),达到土壤测试值临界标准的估计面积为40%～70%(丰缺面积如低于40%,一般只需较小校正)。土壤养分的丰缺面积比例高,则配方中相应养分比例应按丰缺程度予以升降,如面积小则可减少升降幅度。

3.按对象作物的吸肥特点要求,确定氮素施用量。以此为养分比例1,再按对象作物地区常用的磷、钾肥施用量。用上述氮用量比计算养分比例，如施肥量 230∶92∶69 kg/hm^2，则其比例为 1∶0.4∶0.3。若当地对这一作物施用磷、钾肥不普遍时，可从习惯施用的有机肥所含的磷、钾养分折算成磷、钾施用量。

4. 以上述习惯施用的养分比例为基础，按土壤养分丰缺程度、面积等修正要求进行修正。如按上例，若使用地区的磷、钾养分达到普遍缺乏的标准，缺乏面积又达到 70%以上，则拟生产的专用复合肥的养分比例可修正为 1∶0.64∶0.48（按 P_2O_5 和 K_2O 比例升高 60%计）。

第十章　土壤障碍因素与改良培肥

第一节　土壤基本状况

成武县位于山东省西南部，属黄河冲积平原。现有耕地66666.7hm²。人口65.2万人。在有限耕地上生产出更多粮食，满足人们生活需要，那就要改良土壤，提高单产，真正做到合理用地，促进农业生产的持续发展。

一、土壤自然成土因素

土壤是在气候、地形、母质、生物、时间等自然和人类生产活动影响下所发生发展而形成的。成武县属暖温带丰湿润季风大陆性气候。春季干旱多风，夏季高温多雨，秋季凉爽，冬季干燥寒冷，冷热季和干湿季的区别明显，四季变化分明，光照充足，降水年际变化显著，年内分配不均。这一寒暖干湿交替的气候特征给成土过程以重要影响。年平均气温13.9℃。年平均无霜期202天。年平均降水量为627.3mm。成武县位于山东省西南部，隶属菏泽市，地处黄河泛滥平原，全县南北宽39km，东西长41km。地势平坦，总的地势是西部、西南部较高，东部东北部较低，呈西南东北微倾斜，海拔20～50m。全县地貌类型较为简单，根据实际情况，分为缓平坡地和浅平洼地两种地貌类型，四个微地貌单元。缓平坡地由泛滥漫流沉积而成。按地表形态可将缓平坡地分为高坡地、平坡地、洼坡地三个微地貌单元。此类型在全县分布面积最大，约81133.3hm²，占总面积的82.1%，地面平坦，坡降在1/4000～1/6000。浅平洼地由黄河泛滥时静水沉积而成。地势缓平而低洼，坡降在1/6000左右，潜水埋深较缓平坡地浅，一般2～3m，群众习称“漫洼”，土壤类型以潮土中的中壤土、重壤土为主。成土母质是土壤体的主要物质基础。任何土壤都是在母质上发育起来的，它们的发育程度，肥力高低，都受到原来母质的直接影响。成武县地处黄泛平原，成土母质为黄河冲积物，由黄河从上游黄土高原携带大量泥沙沉积而成，黄土母质富含钙，故全县土壤石灰反映强烈，速效磷易被土壤中的钙所固定，pH呈微碱性至碱性，同时，土壤中的钾素含量比较丰富。沉积时层次明显，具有良好的分选性，有的砂性重，有的黏性重，有的上砂下黏，有的上黏下砂，或黏砂相间。这是因为黄河多次改道泛滥在急水、缓水、静水情况下，分别形成砂、壤、黏质土壤，即所谓“紧砂、慢淤、不紧不慢出两合土”的沉积规律所致。成武县属黄淮流域，河道众多，密集交错，水资源开发利用潜力较大。水系分东鱼河和万福河两大流域。并有23条小河流鱼刺般注入两河中，东鱼河西起东明县刘楼、东至鱼台县入昭阳湖，全长172km，境内长36km。万福河西起东明县王二寨，交错穿过成武、巨野县境，至鱼台县入南阳湖，全长151km，境内16.2km。除河流之外，大小沟渠交错其间，对发展灌溉和排涝，发挥着巨大的作用。全县地下水资源丰富，地下水位2～10m。整个趋势基本和地貌相一致，西部和西南部埋层较深，东部较浅。潜水埋深大于5m的范围分布广泛。全县气候温暖，土层深厚，适宜多种植物生长，因此植被类型较多。成武植被以栽培作物为主，有粮食作物、经济作物等。

(一)土壤形成及分布规律

土壤是自然界客观实体。它是气候、地形、母质、生物、时间、自然因素综合作用下发育形成的，也是劳动的产物，在人类管理工作影响下变化发育。因而，土壤有垂直分布、水平公布和地域分布。成武县地处黄河泛滥平原，成土母质为黄河冲积物，土壤形成由黄河多次决口泛滥携带大量泥沙沉积而成，加之人类长期耕种、管理使土壤逐步向有利于生产的方向发展。

成武县地处温暖带半湿润季风气候区，冷热季和干湿季的区别明显，光热资源也较丰富，按气候条件，应形成地带性(显域性)的褐土土类，但由于地势相对低平，潜水位较高，潜水直接参与成土过程(潜水向上补给，形成了土壤特性)，削弱了气候的主导因素，形成非地带性(隐域性)的潮土土类，其中潜水位高、出流不畅、矿化度较高的地方，则形成了潮土土类的盐化潮土亚类。

潮土是直接发育在河流沉积物上和耕作活动影响下形成的一类土壤。其成土物质颗粒的粗细，不仅在平面分布上有分选差异，剖面中也往往有不同质地层次排列，潮土各发生土层的质地和色泽均一，中下部土层中有锈纹锈斑，或有细小铁锰结核，母质中富有钙质，全剖面石灰反映强烈，属石灰性土壤，速效磷易被钙固定。黄土母质多是黄土高原冲积来的表土，含钾较多的次生黏土矿物占一定比例，而且水溶性钾随黄水冲积汇集，故形成本县土壤富钾而缺磷。泛滥沉积时，在急水、缓水和静水情况下，分别形成砂、壤、黏质土壤，即所谓“紧砂、慢淤、不紧不慢出两合土”的沉积规律。

(二)土壤养分状况

作物生长发育需要光照、温度、空气、水分和养分，土壤养分是作物生长的物质基础。其含量的多少是土壤肥力因素中最重要的因素。土壤肥力就是作物在生长发育过程中，土壤不断调节和供应水分、养分、空气和热量的能力。土壤养分丰缺程度是影响作物产量和品质的重要因子，是指导科学施肥的依据。

本次耕地地力评价共化验分析耕层土样2260个，获取了大量调查数据。

1.土壤pH。成武县地处黄泛平原，成土母质为黄河冲积物，由黄河从上游黄土高原携带大量泥沙沉积而成，黄土富含钙质，故成武县土壤石灰反应强烈。全县土壤pH平均为7.92，变幅为7.50～8.45，土壤呈微碱性至碱性。

2.土壤有机质。从区域分布来看，东部乡镇如田集、张楼、白浮等土壤有机质含量较低，其他乡镇相对较高。土壤有机质的含量取决于年生成量和年矿化量的相对大小，当生成量大于矿化量时，有机质含量会逐步增加，反之，将会逐步降低。土壤有机质矿化量主要受土壤温度、湿度、通气状况、有机质含量等因素影响。一般来说，土壤温度低、通气性差、湿度大时，土壤有机质矿化量较低；相反，土壤温度高、通气性好、湿度适中时则有利于土壤有机质的矿化。农业生产中应注意创造条件，减少土壤有机质矿化量。保护地栽培条件下，土壤长期处于高温多湿条件，有机质易矿化，含量提高缓慢，这是有机质含量偏低的一个主要原因，适时通风降温，减少盖膜时间将有利于土壤有机质的积累。

全县耕地土壤有机质平均为11.9g/kg，变幅为5.0～23.1g/kg，含量在11～13g/kg的面积占58.5%，含量小于10g/kg的面积占5.3%，有机质属中等偏低水平。

3. 土壤全氮、碱解氮。全县土壤全氮平均含量为0.836g/kg，变幅0.456～1.405g/kg，含量0.8～0.9g/kg的占58.3%。

全县土壤碱解氮平均含量为61mg/kg，变幅23～116mg/kg。碱解氮含量在50～60mg/kg的面积占31.4%，主要分布在白浮、张楼、田集、苟村等乡镇，含量在50mg/kg的主要是大田蔬菜地和大棚，而粮田含量相对较低。

4. 土壤有效磷。土壤有效磷含量高低是衡量土壤肥力水平的重要标志，全县平均含量为23.5mg/kg，变幅为5.1～78.7mg/kg，有效磷含量在16～30mg/kg，占77.9%，小于16mg/kg的占13.4%，部分地块需要补充磷肥。

5. 土壤缓效钾和速效钾。全县耕层土壤缓效钾平均含量为974mg/kg，变幅为500～1481mg/kg，全县耕层土壤速效钾含量为124mg/kg，变幅为48～458mg/kg。速效钾含量在100mg/kg以上占94.4%，从区域分布来看，中西部乡镇速效钾含量相对较高，东部乡镇速效钾含量相对偏低，由于东部几个乡镇多年来小麦、玉米等粮食作物种植面积较小，秸秆资源少，且有机肥投入不足，造成土壤钾素降低，今后应注重有机肥及钾肥的投入。

6. 微量元素含量。全县耕层土壤有效锌平均含量为0.99mg/kg，变幅为0.10～4.08mg/kg；耕层土壤有效硼含量为0.6mg/kg，含量范围为0.1～3.95mg/kg；耕层土层有效锰含量平均为4.21mg/kg，变幅为0.36～11.14mg/kg；耕层土壤有效铜含量平均为0.53mg/kg，变幅0.13～2.93mg/kg；全县土壤有效铁平均含量为3.65mg/kg，变幅为0.57～13.93mg/kg。

从以上化验结果来看，有效锌中等以上含量的面积占85.8%，缺锌面积占14.2%，此类地块应注意锌肥的施用，特别是玉米要注意补锌。缺硼面积占84.5%，极缺面积占23.6%，在生产中必须重视硼肥的施用，尤其是棉花、蔬菜更应注意施硼。全县普遍缺锰，锰含量普遍较低，生产必须重视锰的施用。全县有效铜含量缺乏面积占19.5%，主要分布在党集、九女、白浮、张楼、成武镇等乡镇，应注意适当补铜。全县土壤缺铁面积占67.8%，应重视铁肥的施用。

第二节 土壤障碍因素

土壤的障碍因素是指土壤中含有某些不利于作物生长发育的因素或缺乏某种营养元素，严重影响作物的牛长发育。

一、土壤盐碱化

盐碱危害是20世纪50～70年代影响成武县农业生产的主要障碍因素之一，到1981年土壤普查时，全县仍有盐碱地9133.3hm^2，占总耕地面积的12%，其中轻度盐碱有17

个土壤类型，面积6533.5hm^2；中度盐碱有13个土壤类型，面积3200hm^2；重度盐碱有5个土壤类型，面积400hm^2。二十多年来，通过完善土地整治、田间排涨等农田基本建设，通过秸秆还田、有机肥施用、测土配方施肥等项目配套保障措施，全县盐碱地得到了有效改良，作物产量成倍增长。但近几年来，全县雨水较多，潜水位抬高，再加上不合理的灌溉，如大水漫灌、有灌无排，个别地块出现返盐和盐渍化现象，严重影响了作物的生长。

二、土壤偏砂偏黏

据统计，全县土壤质地偏砂的砂壤土面积有7933.3hm^2，占总耕地的11.9%，典型的剖面型是均质砂壤，该类土壤1m以内上体为砂壤土，土壤剖面多呈灰褐色，结构差或无结构，中下部有锈纹锈斑，潜水埋深较浅，土壤地力差，保肥能力低，不耐旱。

全县耕层土壤质地偏黏的重壤土有866.7hm^2，占总耕地的1.3%，典型的剖面结构是均质重壤土，1m以内土体为重壤土、黏土，此类土壤质地黏重，耕性差，淤性大，不耐涝，通透性差。

三、土壤养分含量低

土壤瘠薄，养分含量低，也是影响全县农业生产的重要因素。据化验统计，全县有机质属中等偏低水平。有机质含量小于10g/kg的面积占5.3%。碱解氮含量在50～60mg/kg的面积占31.4%。有效磷含量小于16mg/kg的面积占13.4%。全县土壤不同程度地缺乏微量元素。

四、土壤养分不协调

一是有机肥施用量偏少，增加有机肥的投入、提高土壤有机质含量是培肥地力的重要措施。据统计蔬菜田平均施有机肥17070kg/hm^2，在有机肥的施用上有40%的农户直接施用新鲜或半腐熟的有机肥。二是过量施肥，导致土壤盐渍化、作物病害加重、产品质量下降；三是肥料配比不合理，据统计粮田年平均施用化肥实物量2140.5kg/hm^2，折合N442.5kg/hm^2，P_2O_5 243kg/hm^2，K_2O 21kg/hm^2，N∶P_2O_5∶K_2O为1∶0.55∶0.05，蔬菜田年平均施用化肥实物量5871kg/hm^2，折合纯N 852kg/hm^2，P_2O_5 672kg/hm^2，K_2O 408kg/hm^2，N∶P_2O_5∶K_2O为1∶0.79∶0.48，与作物需要量相比明显不平衡，由于养分不协调，破坏了土壤结构和土壤养分平衡，导致盐渍化。

五、坚硬犁底层

随着农业生产的发展，一些小型的农机具增多。一般耕作深度为15～20cm，这样长期耕作，势必造成坚硬犁底层出现。坚硬犁底层的容重增大，孔隙度减小。耕层以下的土壤通透性则较差，土壤结构坚实、物理性状差，土壤的蓄水保水能力差。

六、土壤的次生盐渍化

土壤次生盐渍化与地形、水文条件密切相关，在地势较高，排水较好的地方，土壤不易盐碱化。而低洼地区，如洼地的边缘，或缓平坡地的中下端，潜水埋深较浅，并由于排水不畅,盐分向地表聚积,极易盐碱化。表现为“大中洼”的盐碱分布规律,即较大范围内,比较洼的地方易泛盐碱;在小范围低洼地形内,盐碱又具有往高处爬的特点,因而分布在较高处,表现为“洼中高”的分布规律。在潜水位较高时,土壤含水量超过田间持水量时,水质较差(矿化度在 2~3g/L),蒸发量是降水量的 2.1 倍时,易产生次生盐渍化。在潜水位较高情况下,长期灌溉水的蔬菜大棚、大蒜地块,大水漫灌时,易产生次生盐渍化。再者,长期大量施用化肥,导致土壤盐分积累,也易产生次生盐渍化。因此,应当深挖排水沟,疏通沟渠,使之排水畅通,降低潜水位,使地表盐分下淋,并随水冲洗走。同时应注意适用优质化肥,克服大水漫灌现象,做到合理用水。

第三节　土壤改良和培肥措施

改良和培肥土壤就是科学的管理土壤。根据化验结果分析,结合全县土壤中存在的问题,因地制宜,采取相应综合措施使水、肥、气、热各肥力因素协调和建立一个良好的生态系统,进而不断提高土壤质量,以充分发挥其生产潜力。结合全县实际情况,搞好土壤改良和培肥工作主要应从以下几个方面着手:增施有机肥料,培肥地力;合理灌溉,大力推广节水灌溉;用地、养地相结合;深耕细作,改良土壤结构;大力推广配方施肥技术;科学合理施用微肥等。具体措施如下:

一、大力增施有机肥料,培肥地力

土壤肥力是土壤特有的一种性质,就是指在作物生长过程中,土壤不断供应和调节作物生长所需要的水、肥、气、热的能力。它们之间相互联系,相互制约,综合影响于作物,并且不能互相代替。提高土壤肥力,主要在于提高土壤中有机质含量,这是培肥土壤的关键。土壤有机质作为土壤养分丰缺程度的一个重要指标,根据全县耕地地力评价结果,全县耕地土壤有机质属中等偏低水平,亟待进一步提高,要进一步提高有机质含量,应大力推广秸秆还田、发展畜牧业等广开肥源。

(一)推广秸秆还田

秸秆还田作为提升土壤有机质的一个重要途径,且全县每年生产秸秆 520000t 左右,除去造纸、发展畜牧业、养殖等外每年约有 1/3 的秸秆堆在田间地头,既占地、影响农村环境,又存在火灾隐患,还浪费了宝贵的秸秆资源。通过腐熟剂把剩余秸秆堆肥或直接还田,既可充分利用有机肥源,又能培肥地力,提高耕地质量,保护生态环境。通过实施,探索出了田间腐熟剂堆肥还田、玉米秸秆机械粉碎(+腐熟剂)直接还田、大蒜秸(+腐熟剂)直接还田三种模式。摸清了腐熟剂堆沤秸秆温度理化性状变化规律,筛选出了适宜本地的腐熟剂品种,研究出了秸秆(+腐熟剂)堆沤还田及秸秆(+腐熟剂)直接还田的使用技术及对作物的增产机制、土壤理化性状的动态变化规律,为大面积开展秸秆腐熟还田提供了技术支撑。同时改变了群众传统沤制习惯,提高了农技人员和广大群众的技术水平,取得了明显的经济、生态和社会效益。

(二)发展畜牧业,扩大有机肥源

畜禽肥是当前成武县有机肥料的重要来源。大力发展畜牧业可为农业提供更多的有机肥料，使现有施肥水平不断提高。同时要改进施肥技术，克服灰粪混积、忽视人畜尿肥的现象。避免粪坑漏水、漏肥，使养分损失掉等。因此，应在大力发展畜牧业的同时，注意管好积好农家肥，畜拦圈要勤垫土，草木灰应单存单积，厕所经常打扫清理，实行随收随封的办法，同时要积造结合，广开肥源，并不断提高肥料的质量。为农田积造更多优质的有机肥料。

(三)增施饼肥

饼肥的种类很多，有大豆饼、花生饼、芝麻饼、油菜籽饼、棉饼、向日葵籽饼等，都是榨油后的各种渣质做成的。它们的主要特点是含氮、磷养分较多，氮素养分主要是以蛋白质形态为主的有机态氮，蛋白质含量为22%～47%；磷素养分主要是卵磷脂成分，这些有机态的氮和磷只有被微生物分解后，作物才能吸收利用。所以，用饼类做肥料，一定要首先粉碎，然后加水，使其发酵、腐熟。饼肥在发酵过程中要发热，属于热性肥料，如果使用不当，会烧根而影响种子发芽。因此，最好是将饼肥和堆沤过的有机肥一同施入土中作底肥这样比较安全。堆沤好的有机肥料不仅肥力持续时间长，养分全面，可以缓慢释放养分，满足作物各生长期的需求，而且能改善土壤结构，增加土壤保水保肥能力和土壤中的空气含量，为有益的微生物菌群提供良好的生存环境，抑制病菌的存活，促进难溶性肥料的分解，使土壤有机质不断更新，土壤理化性状得到改善。

(四)合理轮作(间作)

轮(间)作是提高土壤有机质含量的可取方法。随着农业科技的进步，设施土壤的利用频率越来越高，然而土壤的有机质含量却入不敷出，成为设施蔬菜高产的一大制约因素。实行粮菜、粮肥合理轮作、间作，每2～4年穿插栽培一茬花生、大豆、红薯、马铃薯或紫云英(绿肥)等作物，不仅可以保持和提高有机质含量，而且可以改善土壤有机质的品质，活化土壤微生物和腐殖质。

(五)合理灌溉，大力推广节水灌溉

土壤水分的多少，不仅直接影响作物的生长发育，而且还影响着土壤肥力的发挥。因此合理灌溉，既能满足作物对水分的需求，又能洗碱，改良盐碱地。在潜水位高的地块，尽量避免大水漫灌，防止土壤盐渍化。具体做法就是：淡水浇地、深沟排水。

1. 淡水浇地。全县大部分盐碱地，不仅地薄肥力水平低，而且缺乏灌溉条件，因此要利用淡水冲洗盐碱。除靠自然降水外，还应积极发展井灌河灌，改善水利条件。采用平地围堰，淡水压碱的办法，使降的雨水或灌溉的淡水，将盐碱地中的盐分下淋，达到逐步脱盐变成好地。全县地势平坦，运用此法不仅改良盐碱，而且还能满足作物对水分的需要，收效较好。同样在旱季播种前，采用灌溉淡水冲洗盐碱，还可达到保苗效果。搞好灌溉，淡水洗碱，必须要将土地整平，使之浇水均匀，深浅一致。大片土地不便整平的，可在中间起埂，做到大块土地不太平但小块平。

2. 深沟排水。这种办法适用于由于大水漫灌，沟内长期积水引起的次生盐渍化土壤以及潜水位较高，年周期变化不大，地势变化不大，地势比较低洼的地带。如苟村集、张楼等乡镇的部分盐碱地类型均属此情况，由于蓄排不配套，排水没有出路，抬高了潜水水位，引起返盐，造成盐碱危害。因此应当深挖排水沟，疏通沟渠，使之排水畅通，降低潜水位，使地表盐分下淋，并随水冲洗走。同时应注意克服用大水漫灌浇田现象，做到合理用水。

（六）用地、养地相结合

长期以来，成武县在耕地开发利用上重利用、轻培肥，重化肥、轻有机肥，虽然全县化肥的施用量逐年增加，但有机肥投入量却逐年减少，且投入的化肥以氮磷肥为主，引起土壤养分特别是有机质含量的下降和矿物质养分的失衡，导致耕地肥力下降。全县具有土壤养分含量限制性因素，需要培肥的耕地总面积 43468.14hm^2，占全县耕地总面积的 65.20％，因此要持续提高中低产耕地的基础地力，必须将用地与养地妥善结合起来，广辟有机肥源，重视有机肥的施用，同时利用耕地调查评价成果，科学指导化肥的调配，采用科学优化平衡施肥，重视合理增施有机肥，不断培肥地力。农业生产不能采取掠夺式的生产方式，而应当注意合理用地，用养结合，不断培肥土壤，这是实现农业持续增产增收的主要途径。首先要改革不合理的耕作制度，这里习惯一年两作或两年五作，多为粮食作物及其他作物，很少种绿肥作物。因此，在人多地少复种指数较高的地方，豆科作物要有一定比例，并尽可能 1～2 年播种一季绿肥作物，做到用中有养。人少地多、土地瘠薄的地方，可以在一部分耕地实行一肥一粮，以利养地。俗话说"庄稼要好，三年一倒"，深刻反映了轮作换茬的好处，合理的间作套种，同样也可以培肥土壤。

合理轮作和间作套种对培肥土壤的作用是多方面的。首先，它可以调节和增加土壤养分，因为不同作物对土壤养分的需要不同。有的作物需肥多，从土壤中带走的养分多，遗留给土壤的有机质也较少，地力的消耗就大，群众叫这类作物为"用地作物"，大多数粮食作物和经济作物就属于这种。而另一类作物由于它能固定空气中的游离氮素和利用土壤中难溶性的磷、钾和深层土壤养分，这类作物称为"养地作物"，豆科作物和绿肥作物就属于这种。连年单纯种"用地作物"，土壤养分消耗就越来越多，地就会愈来愈瘦。如果"用地作物"与"养地作物"合理轮作或是间作套种就可以调节或增加土壤养分，提高土壤有机质含量，使土壤愈种愈肥。其次，合理的轮作、间作套种还可以改良土壤的物理性质和水、气、热状况，此外，由于更换寄主、改变耕作方式和环境条件，有利于消灭或减轻杂草及病虫对作物的危害，减轻土壤水分和养分的无益消耗，从而又间接地起到了培肥土壤的作用。

在有条件的地方，要充分发挥"养地作物"的培肥改土作用，它是轮作倒茬提高土壤肥力的基础。因为它能固定空气中的游离氮素，直接增加了土壤中的氮素，同时还能释放土壤中难溶性的磷、钾养分。它们的根、茎、叶翻埋在土里，又能增加土壤的有机质的含量，从而全面改善了土壤的理化性状。

增施有机肥料，以保持土壤有机质的平衡和积累。真正做到合理用地，用地与养地相结合，促进农业生产的持续发展。

（七）深耕细作，改良土壤结构

深耕细作能改良土壤的物理性状，是提高土壤肥力的重要关键。目前全县不少土壤物理性状不良，同时存在着各种不同的障碍因素，严重影响土壤水、肥、气、热的协调和作物的生长发育，这也是全县土壤肥力不高的重要原因之一，必须采取有效措施，逐步加以改良。

首先，应当逐步加深耕作层，熟化土壤。由于长期习惯浅耕，不少土壤在耕层下形成较坚硬的犁底层，致使作物根系发育受到限制。深耕细耙可破犁底层，促进养分释放，改善土壤的有机质，氮素及其他养分含量，使土壤的蓄水供肥能力大大改善。目前，全县耕层普遍偏浅(一般不足20cm),都应当通过逐步深耕改良,或增加大型农机具扩大机耕,结合增施有机肥料,以促进土壤熟化,为作物创造肥沃的土壤条件。

其次,应当深翻整平,破除障碍层。对于接近耕作层有黏土层或漏砂层的土壤,实行深翻,可以改良耕层土壤质地及破除障碍层次,提高土壤的保水、保肥能力,能收到较好的改土培肥效果,同时应结合整平土地,增施有机肥料进行改良培肥。

再次,还可因地制宜进行客土改良,主要是对耕层质地偏砂或者偏黏的土壤都可以利用客土改良质地,培肥土壤,即在偏黏的淤土地内搬运砂土改良或在偏砂的砂土地内掺淤土加以改良,亦可用砂土积肥施入淤地内,淤土积肥施入砂土地内逐年改良,都是行之有效的改良措施。

(八)大力推广配方施肥技术

测土配方施肥是以土壤测试和肥料田间试验为基础,根据作物需肥规律、土壤供肥性能和肥料效应,在合理施用有机肥料的基础上,提出氮、磷、钾及中、微量元素等肥料的施用数量、施肥时间和施用方法。通俗地讲,就是在农业科技人员指导下科学施用配方肥。测土配方施肥技术的核心是调节和解决作物需肥与土壤供肥之间的矛盾。同时有针对性地补充作物所需的营养元素,作物缺什么元素就补充什么元素,需要多少补多少,实现各种养分平衡供应,满足作物的需要;达到提高肥料利用率和减少用量,提高作物产量,改善农产品品质,节省劳力,节支增收的目的。测土配方施肥的意义就是:测土配方施肥不同于一般的"项目"或"工程",是一项长期的、基础的工作,是直接关系到农作物稳定增产、农民收入稳步增加、生态环境不断改善的一项"日常"性工作。测土配方施肥工作不仅仅是一项简单的技术工作,它是由一系列理论、方法、技术、推广模式等组成的体系,只有社会各有关方面都积极参与,各司其职,各尽其能,才能真正推进测土配方施肥工作的开展。农业技术推广体系单位要负责测土、配方、施肥指导等核心环节,建立技术推广平台;肥料生产企业、肥料销售商等搞好配方肥料生产和供应服务,建立良好的生产和营销机制。

不同作物的施肥指导体系如表10-1～表10-4所示。

表10-1　小麦不同生产条件下的推荐施肥量

目标产量($kg/667m^2$)	推荐施肥量($kg/667m^2$)						
	N($kg/667m^2$)	土壤有效磷(mg/kg)			土壤速效钾(mg/kg)		
		<15	15～30	>30	<75		>100
350	10～12	6～7	5～6	4～5	5	0	0
400	12～14	8	7	6	6	5	0
500	13～15	9	8	7	8	6	5

表 10-2　　大蒜不同生产条件下的推荐施肥量

作物	产量水平（kg/667m²）	氮肥用量（kg/667m²）	磷肥用量（kg/667m²）			钾肥用量（kg/667m²）		
			土壤中有效磷含量(mg/kg)			土壤中速效钾含量(mg/kg)		
			＜15	15～30	＞30	＜100	100～150	＞150
大蒜	1500	24	10	7	5	15	10	5
	2000	28	12	10	7	20	15	10

表 10-3　　玉米不同生产条件下的推荐施肥量

目标产量（kg/667m²）	推荐施肥量（kg/667m²）						
	N（kg/667m²）	土壤有效磷(mg/kg)			土壤速效钾(mg/kg)		
		＜15	15～30	＞30	＜75	75～100	＞100
400	10～12	0	0	0	5	0	0
500	12～14	2.5	1.5	0.5	6	5	5
600	14～16	4	3	2	8	8	6

表 10-4　　棉花不同生产条件下的推荐施肥量

目标产量（kg/667m²）	推荐施肥量（kg/667m²）						
	N（kg/667m²）	土壤有效磷(mg/kg)			土壤速效钾(mg/kg)		
		＜15	15～30	＞30	＜75	75～100	＞100
60	10～12	5	4	3	6	5	0
80	12～14	6	5	4	7	6	0
100	14～16	7	6	5	8	7	5

按照以上四种作物，在不同地力情况下进行施肥，可使农作物大幅度增产，从而实现增产增效的目的。这是一种定量的施肥方法。它的优点是改善土壤生态环境，科学合理培肥地力，并且节约施肥成本，是一种改良土壤的重要措施。

（九）科学合理施用微肥

微量元素包括锌、硼、钼、锰、铁、铜六种元素。都是作物生长发育必需的，仅仅是因为作物对这些元素需要量极小，所以称为微量元素。在20世纪50～60年代以施用有机肥为主、化肥为辅的情况下，微量元素缺乏并不突出，随着大量元素肥料施用量成倍增长，作物产量大幅度提高，加之有机肥料投入比重下降，土壤缺乏微量元素状况也随之加剧。但是不同土壤质地，不同作物对微量元素的需求存在差异，应根据土壤微量元素有效含量确定其丰缺情况，做到缺素补素。一般情况下，在土壤微量元素有效含量低时易产生缺素症，所补给的微量元素才能达到增产效果。

微量营养元素在作物体内多数是酶、辅酶的组成成分或活化剂，对叶绿素和蛋白质的合成、光合作用或代谢过程，以及对氮、磷、钾等养分的吸收和利用等均起着重要的促进和调节作用。作物对微量元素的需要量虽少，但在缺素或潜在缺素土壤上施用相应的微肥，可大幅度提高作物的产量和改善农产品的品质。试验证明，钼肥对豆科作物，硼肥对油菜、苹果、等果树作物，锌肥对玉米、果树、蔬菜，锰肥对小麦、烟草、麻类等作物，铜肥对小麦等作物都有增产作用，一般增产10%左右。在严重缺素的土壤上，施用相应的微肥甚至可成倍增产。在微量元素缺乏的土壤上施用微肥，除提高产量外，还有改善产品品质的作用。此外，施用微肥还能增加作物对病害、低温、高温和干旱等的抗性，但土壤中微量元素含量过高或微肥施用过量，均可严重降低作物的产量和品质。

第十一章　土壤有机质状况与提升技术模式

第一节　提升有机质的目的意义

随着农村经济的发展和农村劳动力结构的转移，出现了重用地轻养地、重化肥轻有机肥的现象，导致土壤板结，土壤基础肥力下降。成武县属黄河冲积平原区，现有耕地100万亩，全县有机质平均11.9g/kg，地力水平中等。每年生产秸秆520000t左右，除去造纸、发展畜牧业、养殖等外每年约有1/3的秸秆堆在田间地头，既占地、影响农村环境，又存在火灾隐患，还浪费了宝贵的秸秆资源。通过腐熟剂把剩余秸秆堆肥或直接还田，既可充分利用有机肥源，又能培肥地力，提高耕地质量，保护生态环境。

有机质提升是测土配方施肥项目的重要组成部分，通过项目的实施，探索出了田间腐熟剂堆肥还田、玉米秸秆机械粉碎(＋腐熟剂)直接还田、大蒜秸(＋腐熟剂)直接还田三种模式。摸清了腐熟剂堆沤秸秆温度理化性状变化规律，筛选出了适宜本地的腐熟剂品种，研究出了秸秆(＋腐熟剂)堆沤还田及秸秆(＋腐熟剂)直接还田的使用技术及对作物的增产机制、土壤理化性状的动态变化规律，为大面积开展秸秆腐熟还田提供了技术支撑。同时改变了群众传统沤制习惯，提高了农技人员和广大群众的技术水平，取得了明显的经济、生态和社会效益。

第二节　主要实施技术措施

针对成武县农作物秸秆大量闲置浪费、土壤有机质含量偏低的实际情况，找出两者的切入点。山东省土肥站高瑞杰站长、土壤科李涛科长、万广华科长等多次来成武县进行调研，就秸秆利用途径、模式与技术人员和项目区群众分别进行了座谈，并提出指导性意见。本站农技人员多次深入到乡镇、村、农户进行走访座谈，根据群众对秸秆的利用习惯及接受能力，在总结群众经验的基础上，探索出了小麦秸秆(＋腐熟剂)腐熟还田、探索出田间腐熟剂堆肥还田、玉米秸秆机械粉碎(＋腐熟剂)直接还田、大蒜秸(＋腐熟剂)直接还田三种模式，并对三种模式的优缺点及注意事项进行了综合研究分析。

一、小麦秸秆(＋腐熟剂)腐熟还田模式

1.堆肥技术。利用夏季高温多雨的有利条件进行田间堆腐秸秆。堆宽1.5m，堆高1.2～1.5m，长度视空间和秸秆数量确定。将秸秆集中到田间地头加足水，秸秆含水量控制

在50%～60%(捏之手湿，指缝间有水挤出)分层堆沤，每层厚度约 20cm，铺完一层后将腐熟剂均匀撒在秸秆上，再铺第二层秸秆，然后撒施尿素，再铺一层秸秆，撒施腐熟剂，依次进行。每 2 亩堆一堆，每堆秸秆量约 800～1000kg，每堆撒施 2kg 腐熟剂，再加 5kg 尿素。堆完后用泥土或塑料薄膜将整堆秸秆封严，15～20 天左右，待秸秆腐熟后撒入田内或秋季耕翻时作基肥使用。

2. 利弊分析。利用腐熟剂堆肥比常规堆肥法堆制时间短，堆肥质量高，但费工费时，工作量大，大面积推广有难度，应根据群众的自愿，在劳力集中的地方施行。

二、玉米秸秆机械粉碎(＋腐熟剂)直接还田模式

1. 技术要点。利用秋季玉米收获后需机械深耕后再播种小麦的传统习惯，结合全县玉米联合收割机较多的有利条件，收获玉米的同时，进行玉米秸秆粉碎并均匀铺与地面，再按照每亩用 2kg 腐熟剂的用量与细砂土混合后均匀地撒在玉米秸秆上，用旋耕机灭茬旋耕后，立即用机械进行翻耕使秸秆深埋于土内，利用灌溉或雨水使土壤保持较高的湿度，使玉米秸秆快速腐烂以提升土壤有机质含量。

2. 优缺点及注意事项。玉米秸秆机械粉碎(＋腐熟剂)直接还田模式，能大量节省劳动力，减少了秸秆运送、沤制环节，省工省时，群众乐于接受，易大面积推广。从近几年实践情况看，全县玉米收获距小麦播种一般有半个月左右的时间，这期间玉米秸秆已基本腐烂，对小麦播种无不利影响。对个别因玉米收获过晚，或玉米收获秸秆还田后直接播种的，对小麦播种质量有一定的影响，应适当加大播种量。在农业生产上，应提倡玉米套种，或小麦适期晚播，保证玉米秸秆有足够的腐烂时间。

三、大蒜秸(＋腐熟剂)直接还田模式

1. 技术要点。利用夏季高温多雨的有利时机，待大蒜收获后适当时机，直接将腐熟剂喷洒在大蒜秸秆铺于田内(适用于套种棉花、玉米的大蒜田)，7 月上中旬进行中耕翻压。

2. 优缺点及注意事项。大蒜秸秆(＋腐熟剂)直接还田模式，省工省时，铺于田内的大蒜秸秆保持了土壤湿度，抑制了部分杂草生长，营造出了有利于棉花、玉米生长的小气候。从试验情况看，大蒜秸秆(＋腐熟剂)直接还田与对照相比，棉花苗期长势稳健，叶色浓绿，单株增加棉系 1～2 条。缺点是虽然大蒜秸秆能减少杂草 40%～50%，但仍有部分杂草滋生，所以在清明前后大蒜第一次浇水时要注意冲施除草剂，或在 7 月中旬及时中耕翻压。

四、研究堆肥变化规律，筛选最佳腐熟品种

试验设 6 个处理步骤，分别如下：

处理 1：麦秸＋水

处理 2：麦秸＋水＋3kg 尿素

处理 3：麦秸＋水＋3kg 尿素＋1.5kg 品种 1(速腐剂 淮安)

处理 4：麦秸＋水＋3kg 尿素＋1.0kg 品种 2(腐秆剂 广东)

处理 5：麦秸＋水＋3kg 尿素＋1.5kg 品种 3(有机物腐熟剂 济宁)

处理 6:麦秸＋水＋3kg 尿素＋0.5kg 品种 4(亿安神力 济南)

试验结果如表 11-1 和图 11-1 所示

表 11-1　　不同腐熟剂堆腐温度变化比较表

	升温速度	最高温度/达到时间	降温开始时间	降温速度	降至 40℃时间	维持天数	
						≥60℃	50℃～60℃
处理 1	缓慢	65℃/第 7 天	第 9 天	迅速	第 19 天	8 天	5 天
处理 2	较快	67℃/第 8 天	第 11 天	缓慢	第 45 天	15 天	13 天
处理 3	迅速	69℃/第 7 天	第 10 天	缓慢	第 42 天	22 天	15 天
处理 4	迅速	69℃/第 11 天	第 11 天	缓慢	第 42 天	21 天	16 天
处理 5	快	68℃/第 7 天	第 8 天	较快	第 41 天	11 天	16 天
处理 6	较快	68℃/第 11 天	第 13 天	缓慢	第 45 天	22 天	18 天

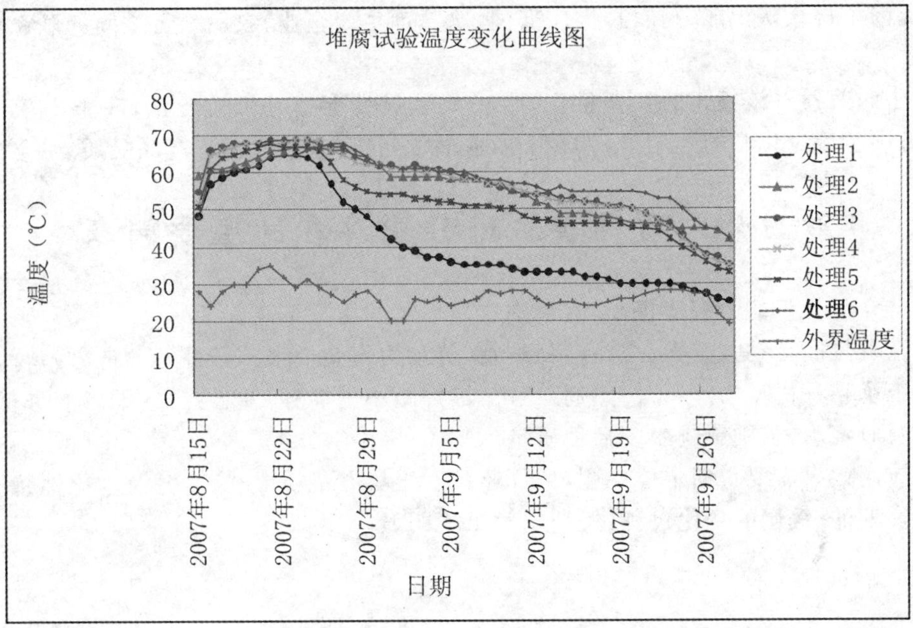

图 11-1　堆腐试验温度变化曲线图

从表 11-1 和图 11-1 可以看出:各处理均在 7～11 天温度达到最高值,不加腐熟剂的温度上升稍慢,加腐熟剂的温度上升较快。到了降温段,不加腐熟剂的温度下降较快,加腐熟剂的下降缓慢。所以加腐熟剂的高温(50℃以上)维持天数是不加腐熟剂的 2～3 倍。高温阶段维持时间最长的是处理 6,其次是处理 3、处理 4。

外观变化:腐熟颜色从肥堆纵剖面看,共同点是纵向出现三种颜色:表层颜色黄褐色、中间颜色为黑色、底部颜色介于两种颜色中间。物料结构表层秸秆疏松,中下部黏黑,整个堆内无恶臭。腐熟程度:处理 6、3、4 基本一致,处理 1 次之,处理 5、2 较差。

从试验的四个腐熟剂看,表现较好的是亿安神力(济南)、酵素菌速腐剂(淮安),其次是腐秆剂(广东)、有机物腐熟剂(济宁)。

五、验证小麦秸秆(+腐熟剂)堆沤还田及玉米秸秆(+腐熟剂)直接还田应用效果

2007年10月安排小麦秸秆(+腐熟剂)堆沤还田、玉米秸秆机械粉碎(+腐熟剂)直接还田、大蒜秸(+腐熟剂)还田试验各一处,从试验结果看,小麦秸秆腐熟还田与玉米秸秆直接还田对当季作物都有一定的增产效果。小麦秸秆腐熟还田一般可增产1.6%~5.2%,玉米秸秆直接还田可增产3.9%左右。同时可不同程度地提高土壤有机质、全氮及其他速效养分的含量,降低土壤容重,改善土壤理化性状。

第三节 主要经济、社会、生态效益

1.经济效益。小麦平均增产3.5%,亩增产16.4kg。取得了良好的经济效益。

2.社会效益。不断提高了农技人员知识水平,而且改变了群众传统的沤制有机肥的习惯,提高了群众认识能力,农技推广部门、腐熟剂生产企业、农民三者之间的联系桥梁更加通畅。

3.生态效益。该模式的长期推广,将极大地提高土壤有机质含量,改善土壤理化性状,并可逐步减少化肥的施用量,减轻了农业面源污染,有效改善农产品品质。

第四节 项目实施过程中存在的主要问题

1.群众的认识能力有待提高,有个别农户堆制的质量不高。

2.秸秆堆腐劳动强度大,应在秸秆丰富、劳动力富余及水源条件好的地方施行。

3.玉米秸秆机械粉碎(+腐熟剂)还田,最好距小麦播种10天或15天以上进行,期间干旱应及时浇水,否则影响小麦播种质量。

4.应用效果需要长期定位观测,秸秆还田对土壤有机质、土壤养分及理化性状的影响是一个长期的、缓慢的变化过程,短期内效果不明显。

第十二章　成武县主要农作物栽培技术规范

作物施肥要根据具体情况因地制宜进行，这也是测土配方施肥技术的特点，但由于化验土样数量的关系，不能为每块地都制定一张配方卡。因此，根据以往常规检测结果，参考调查取样点附近地片的配方卡，结合肥料效应和具体农作物需肥特点，提出几点施肥技术要点。

第一节　冬小麦测土配方施肥技术规范

冬小麦生育期较长，大致每生产 100kg 需吸收 N 约 3kg，P_2O_5 1～1.5kg，K_2O 2～4kg。三者的吸收比例为 3∶1∶3。小麦氮素的吸收有两个高峰阶段：一是出苗到拔节阶段（越冬期和返青期），吸收氮素占吸氮总量的 40％左右；二是拔节到孕穗阶段，占吸氮总量的 30％～40％。小麦在分蘖期吸收磷素和钾素分别占各自吸收总量的 30％左右，拔节以后吸收速度急剧增长。磷素在孕穗到成熟期吸收最多，约占总吸收量的 40％，钾素的吸收以拔节到孕穗开花阶段最多，占总吸收量的 60％左右，到开花时对钾素的吸收达到最大量。

根据冬小麦的生育规律和营养特点，应重施基肥和早施追肥。基肥用量应占总施肥量的 60％～80％，追肥占 20％～40％为宜。

1. 冬小麦的基肥应以农家肥为主，配合施用化肥。农家肥一般每亩施 2000～5000kg；氮素可根据肥力高低每公顷施尿素 5～15kg 或碳酸氢铵 15～50kg，肥力高可少施，低则需多用；土壤中缺磷应每公顷施过磷酸钙或钙镁磷肥 30～50kg，最好与农家肥混合或堆沤后施用；缺钾土壤每公顷施氯化钾 5～10kg，盐碱地最好用硫酸钾。

2. 种肥在播种时可以少量施用，每公顷施用尿素 2～3kg 或硫酸铵 5kg 和过磷酸钙 5～10kg。种子和化肥最好分别播施。碳酸氢铵不宜做种肥。

3. 苗期追肥，也称秋季追肥，一般在分蘖初期，每公顷施碳酸氢铵 5～10kg 或尿素 3～5kg 或少量的人粪尿。基肥充足时可不追肥。

4. 越冬期追肥，一般用于分蘖少的三类苗，结合浇冻水每公顷施碳酸氢铵 5～10kg 或尿素 3～5kg。苗期追过肥的可不再施追肥。

5. 返青期追肥，多用于肥力较差，基肥不足，冬前分蘖少，生长弱的田地，每公顷施碳酸氢铵 15～20kg 或尿素 5～7kg，应深施 6cm 以上。

6. 拔节期追肥，分三种情况：过旺苗不宜施追肥，且控制浇水；壮苗可结合浇水每公顷施碳酸氢铵 10～15kg 或尿素 3～5kg，施过磷酸钙 5～10kg，氯化钾 3～5kg；弱苗应结合浇水每公顷施碳酸氢铵25～40kg或尿素10～15kg。

7.孕穗期追肥，主要是施偏肥，根据情况每公顷施5～10kg硫酸铵或尿素10～15kg。

8.后期追肥，一般用根外追肥法。对有脱肥早衰现象的麦田可每公顷喷施1%～2%浓度尿素50L；对有贪青晚熟趋势的麦田可每公顷喷施0.2%浓度的磷酸二氢钾50L，见表12-1。

表12-1 小麦不同生产条件下的推荐施肥量

目标产量 ($kg/667m^2$)	推荐施肥量 ($kg/667m^2$)						
	N	P_2O_5 土壤有效磷(mg/kg)			K_2O 土壤钾(mg/kg)		
		<15	15～30	>30	<75		>100
350	10～12	6～7	5～6	4～5	5	0	0
400	12～14	8	7	6	6	5	0
500	13～15	9	8	7	8	6	5

第二节 夏玉米测土配方施肥技术规范

夏玉米是高产作物，需肥量大，每生产100kg需吸收N约2.52.7kg，P_2O_5 1.1～1.4kg，K_2O 3.2～3.8kg，三者比例为1∶0.36∶0.95。玉米幼苗生长慢，吸收也少，拔节期到开花期生长加快，吸收氮素占总吸收量的44.88%，穗期吸收氮素占总吸收量的32.31%，之后养分吸收减慢。

根据上述可看出，夏玉米从拔节期到穗期是施肥的关键时期，对增加产量非常重要。应在小麦收获后，结合浅耕灭茬，每亩施有机肥11000～1500kg，磷肥40～50kg。麦秸直接施入或留高茬，每亩200～300kg为宜，且应配合施入少量氮肥。追肥，宜采用“前重后轻”方式，在玉米拔节期每亩施尿素20～25kg，大喇叭口期再施10～15kg。夏玉米分次追肥效果最好(见表12-2)。

表12-2 玉米不同生产条件下的推荐施肥量

目标产量 ($kg/667m^2$)	推荐施肥量 ($kg/667m^2$)						
	N	P_2O_5 土壤有效磷(mg/kg)			K_2O 土壤钾(mg/kg)		
		<15	15～30	>30	<75	75～100	>100
400	10～12	0	0	0	5	0	0
500	12～14	2.5	1.5	0.5	6	5	5
600	14～16	4	3	2	8	8	6

第三节 棉花测土配方施肥技术规范

棉花正常生长发育需氮、磷、钾、铁、锌、铜、锰等多种元素。根据研究资料，棉花每形成100kg皮棉约需要吸收纯N 13.35kg，P_2O_5 4.65kg，K_2O 13.35kg，需肥量随产量水平的提高而增加。不同品种、产量水平略有差异(不同地力和产量水平棉花肥料施用量参见附表)。棉花在苗期，吸收氮5%、有效磷3%、有效钾3%；现蕾期到初花期，吸收氮11%、有效磷7%、有效钾9%；从初花期到盛花期，吸收氮56%、有效磷24%、有效钾36%；盛花期到始絮期，吸收氮23%、有效磷52%、有效钾42%；吐絮后，吸收氮5%、有效磷14%、有效钾10%。从中可见，棉花吸肥高峰期在花铃期，氮肥吸收高峰期在盛花期，磷钾吸收高峰期在盛花期至吐絮期。锌、硼、锰等元素根据土壤养分供应状况，因缺补缺，针对性使用。棉花要求棉田有较高的肥力，所以要施足基肥，还需适时适量施用追肥。一般要掌握前轻后重的原则，因地、因时、因苗施用(见表12-3)。

1. 基肥：要施足基肥，应以有机肥为主，一般亩施农家肥2000kg左右，有条件的同时将30%～50%的氮肥、全部磷肥、50%～100%的钾肥基施。不具备施基肥条件的夏棉，可在苗期早追。棉花对锌、硼反应敏感，而我省大部分棉区土壤供应相对不足，建议每亩基施锌肥(硫酸锌)1～2kg，硼肥0.5kg。棉花配方肥同时含有氮磷钾锌硼等养分，最好根据土壤养分特点和管理水平，选择适宜品种的棉花配方肥，一般每亩使用40～50kg。

2. 追肥：追肥以氮肥为主，一般分初花期和盛铃期两次进行，前轻后重。两次施肥比例为1∶2。初花期苗情较好长势偏旺的，可省略第一次追肥。习惯于一次性追肥的，可在花铃前期(每株有1～2个幼铃时)进行。磷肥主要作基肥使用，就可以满足棉花全生育期的需要，所以棉花一般不再追施磷肥。需要追施钾肥的，可与氮肥配合，在盛铃期追施。

3. 补施盖顶肥：盖顶肥主要防止棉花后期缺肥而早衰，以此争取多结秋桃和增加铃重。此时补施肥料因土施不便，一般采用根外追肥。以喷施磷酸二氢钾为主。进入花铃期如感磷、钾不足，可叶面喷施0.2%～0.3%磷酸二氢钾。氮肥不足的棉田，还可将0.2%～0.3%的磷酸二氢钾与0.5%～1.0%的尿素配合喷施。喷至叶面布满雾滴为度。喷施时间以下午4时以后或阴天时为好。每隔10～15天喷1次，共喷3～4次即可。

表12-3 棉花不同生产条件下的推荐施肥量

目标产量(皮棉)($kg/667m^2$)	推荐施肥量($kg/667m^2$)						
	N	P_2O_5 土壤有效磷(mg/kg)			K_2O 土壤钾(mg/kg)		
		<15	15～30	>30	<75	75—100	>100
60	10～12	5	4	3	6	5	0
80	12～14	6	5	4	7	6	0
100	14～16	7	6	5	8	7	5

第四节 大蒜测土配方套施肥技术规范

大蒜是一种喜钾喜硫作物。大蒜在生长过程中对氮、磷、钾养分的需求中以钾最多，氮次之，磷较少。一般亩产鲜蒜1500～2500kg，实验证明，每生产1000kg大蒜块茎，大约需吸收氮4.5kg、磷1.4kg、钾4.6kg，硫0.8kg，镁0.4kg；大蒜生长周期中，蒜薹伸长期到蒜头膨大期是其需肥高峰期(见表12-4)。

大蒜施肥技术：

1. 施足基肥。亩施优质土杂肥5000kg，饼肥100kg，45％复合肥(18-12-15)100kg，大蒜多元素中微肥25kg。

2. 合理追肥。返青肥：亩冲施尿素10kg，钾肥10kg。抽苔肥：亩冲施尿素15kg，钾肥15kg，或大蒜冲施肥40kg。蒜头膨大肥：亩冲施尿素15kg，钾肥15kg，或25-5-15冲施肥40kg左右。如土壤较肥沃，蒜叶肥大色深，则可不施膨大肥。

3. 叶面喷肥。生长期喷施磷酸二氢钾2～3次，浓度为0.3％～0.4％，每次每亩100kg。

表12-4　　大蒜不同生产条件下的推荐施肥量

作物	产量水平	氮肥用量	磷肥用量 土壤中有效磷含量			钾肥用量 土壤中速效钾含量		
			＜15	15～30	＞30	＜100	100～150	＞150
大蒜	1500	24	10	7	5	15	10	5
	2000	28	12	10	7	20	15	10

附　录

附录一　数据册

表 1　　成武县 1949～2007 年化肥施用量及粮食产量统计表

年份	化肥施用量(t)									粮食	小麦		玉米	
	实物量	氮肥	磷肥	钾肥	折纯量	氮肥	磷肥	钾肥	$N:P_2O_5:K_2O$	总产量(t)	总产(t)	单产(kg/hm^2)	总产(t)	单产(kg/hm^2)
1949										54355	13830	450	0	0
1950										85371	18680	491	0	0
1951										74403	20872	506	0	0
1952										109938	30194	713	0	0
1953										78042	27401	635	1	500
1954										96637	32518	700	3	750
1955										95263	21810	735	364	879
1956										87713	26356	638	2616	642
1957										47019	29504	706	211	153
1958										73024	38849	940	2899	741
1959										58665	23906	983	2589	647
1960										60165	18849	463	628	789
1961										51460	11038	338	762	764
1962										55242	12342	370	448	850
1963										49428	16826	564	451	1064
1964										59051	18884	602	1938	1180
1965										78855	16991	667	4182	1574
1966										87181	24514	861	6741	1414
1967										78855	16991	667	4182	1574
1968										78942	21592	752	2341	2057

续表

年份	化肥施用量(t)									粮食	小麦		玉米	
	实物量	氮肥	磷肥	钾肥	折纯量	氮肥	磷肥	钾肥	N : P_2O_5 : K_2O	总产量(t)	总产(t)	单产(kg/hm²)	总产(t)	单产(kg/hm²)
1969										78942	19546	681	2495	2192
1970										85731	19546	731	4377	2621
1971										93442	24298	859	6943	2438
1972										97509	32075	1098	7113	2048
1973	9191				2556					100880	33468	1180	7637	2300
1974	5533				1605					87989	23532	855	8910	2319
1975	9020				2571					124868	35057	1780	17735	2945
1976	15499				4650					134272	45661	1771	28660	3250
1977	8287				2403					114958	23470	1062	30062	3366
1978	18200				5278					122085	44205	1836	21865	2849
1979	82620				21670					125930	53230	2105	19272	2693
1980	19643				5500					88835	42330	1651	12652	2240
1981	25621				7430					98570	43158	1751	16756	2821
1982	48960				14688					106965	55520	2266	22310	3280
1983	62082				17383					167800	122951	4682	24247	3043
1984	63302				18041					194398	145815	4845	32177	3755
1985	46255				13414					229384	157829	1835	45717	3711
1986	40095				11427					234006	163240	4510	48347	3296
1987	46138				13380					229776	145875	4043	62849	4785
1988	59057	47822	9278	60	13393	11000	1392	15	1 : 0.13 : 0.001	166624	103527	3973	51120	4065

续表

年份	化肥施用量(t)									粮食	小麦		玉米	
	实物量	氮肥	磷肥	钾肥	折纯量	氮肥	磷肥	钾肥	N：P_2O_5：K_2O	总产量(t)	总产(t)	单产(kg/hm²)	总产(t)	单产(kg/hm²)
1989	92677	67844	18441	37	19060	11697	2950	18	1：0.25：0.001	210998	130657	3545	67276	5052
1990	94100	68300	19300	86	24700	17100	4000	37	1：0.24：0.002	244477	157365	4142	66437	5531
1991	94100	68300	19300	126	24700	17100	4000	57	1：0.24：0.002	244477	157365	4142	66437	5530
1992	93630	67000	19500	330	24788	16750	4100	198	1：0.25：0.012	257798	158886	4334	79513	5798
1993	100572	61543	22947	2071	25394	14775	4563	194	1：0.31：0.013	301473	172261	4810	106933	5889
1994	92507	56237	29044	2434	24161	14497	5490	1238	1：0.38：0.085	309368	182997	5237	104939	5895
1995	93263	53557	28415	3773	21788	12722	4225	737	1：0.33：0.058	340021	173930	5425	146067	5750
1996	110407	60291	34671	5137	26871	15103	5214	1700	1：0.35：0.113	321783	169971	5474	136188	6606
1997	122487	62518	36573	7814	32357	16879	6258	2435	1：0.37：0.144	284581	158743	5146	134236	6385
1998	128697	64852	38954	9665	35441	18232	6741	3068	1：0.37：0.168	277060	132001	4656	125984	5894
1999	124412	62096	38008	8490	35353	17597	7658	2961	1：0.44：0.168	334934	171230	6191	141149	6190
2000	116862	55796	36524	7738	35590	16890	7939	3492	1：0.47：0.207	259064	136863	5640	106619	6384
2001	116983	56801	37073	7773	33858	15969	7658	3955	1：0.48：0.248	241571	136458	5202	94349	6125
2002	119386	55984	37325	8139	35468	16589	6934	3825	1：0.42：0.231	214763	130547	5468	81295	6137
2003	121373	56075	37438	8782	38450	19510	6407	3796	1：0.33：0.195	192683	120161	5722	62783	5235
2004	122386	57843	36840	9030	39214	19604	6236	3936	1：0.32：0.201	344674	155336	5052	187354	5641
2005	124452	58008	36936	9129	39035	19600	6457	3890	1：0.33：0.198	399981	271602	5160	125208	5782
2006	126784	57908	36766	9413	37385	19962	6417	2785	1：0.32：0.140	413488	282515	5368	129795	6032
2007	130250	58541	35783	9615	38725	20390	6097	2783	1：0.30：0.136	407242	280976	5545	125390	6289

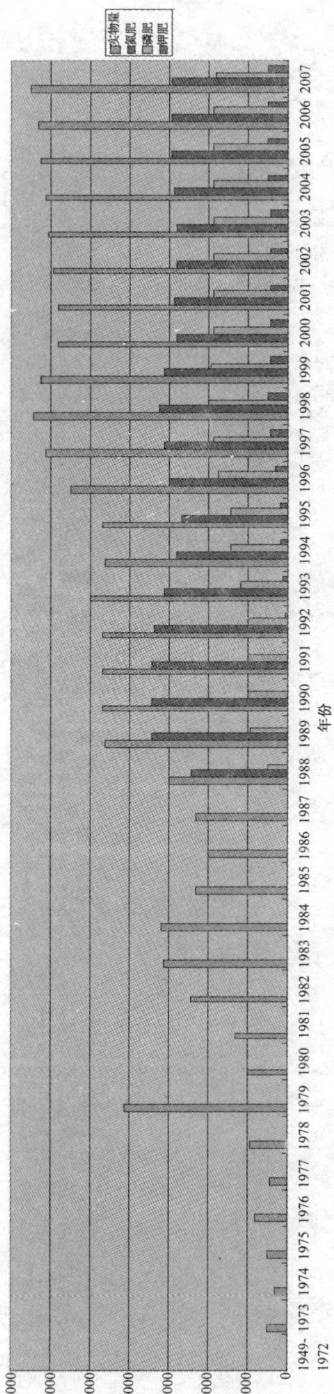

图1 成武县1949~2007年化肥实物量变化趋势图

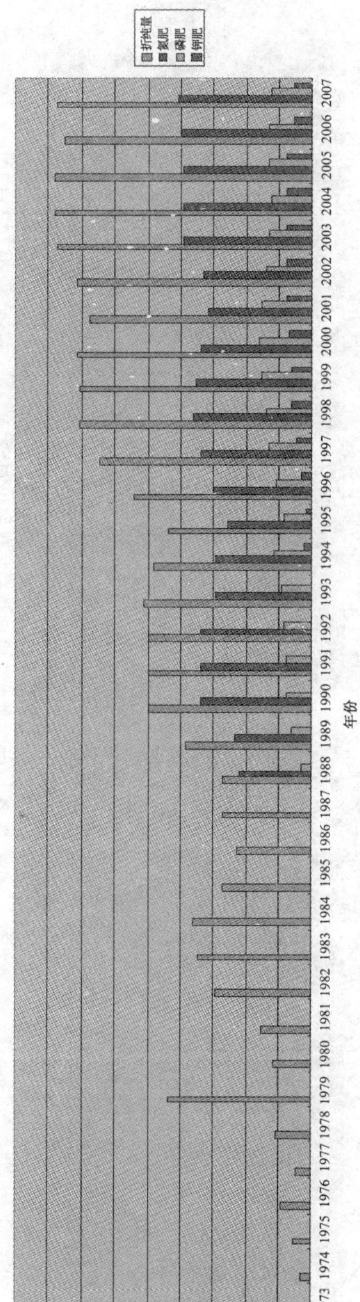

图2 成武县1949~2007年化肥折纯量变化趋势图

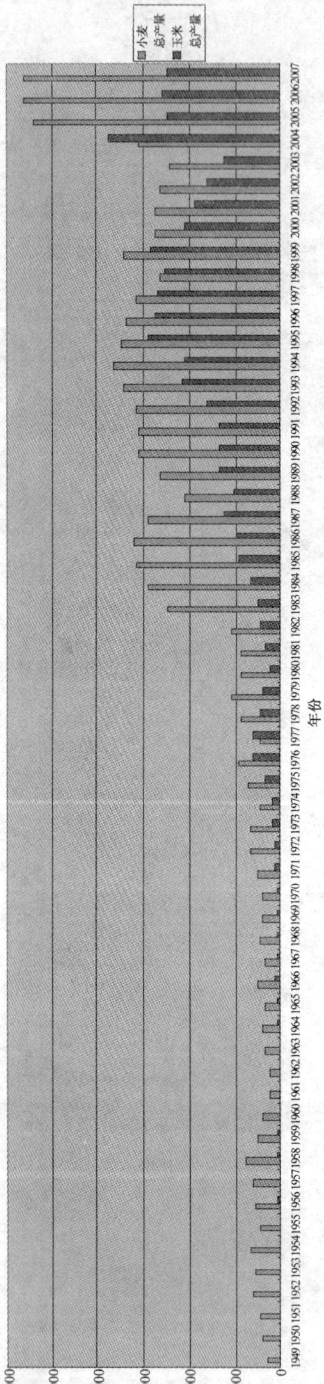

图3　成武县1949~2007年小麦玉米总产变化趋势图

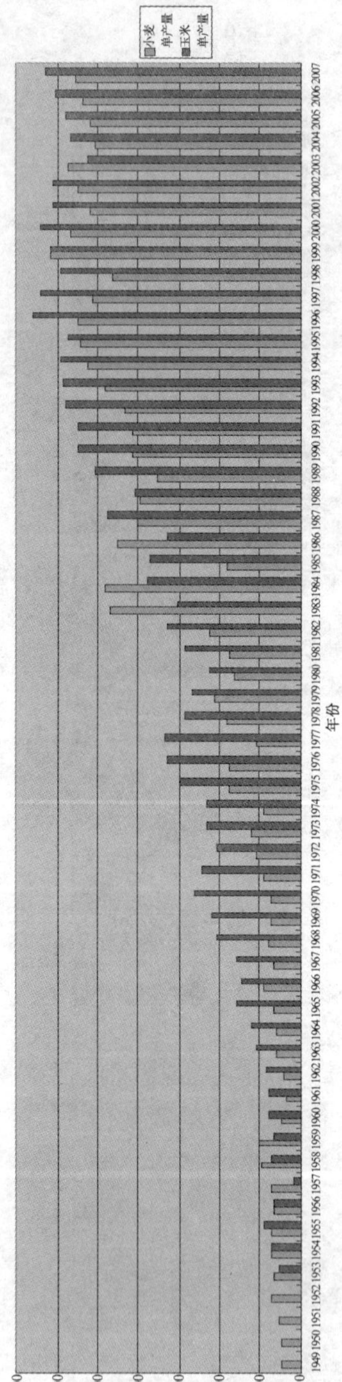

图4　成武县1949~2007年小麦玉米单产变化趋势图

表2 成武县耕地地力等级行政区域分布

乡镇名称		1	2	3	4	5	6	7	合计
白浮图镇	面积(hm^2)	314.18	2085.80	2050.75	842.22	136.48	—	—	5429.43
	比例(%)	5.79	38.42	37.77	15.51	2.51	—	—	100.00
伯乐集镇	面积(hm^2)	802.37	1339.18	1910.09	146.14	1007.63	105.08	—	5310.49
	比例(%)	15.11	25.22	35.97	2.75	18.97	1.98	—	100.00
成武镇	面积(hm^2)	108.23	626.57	2235.72	1712.67	1412.80	475.91	—	6571.90
	比例(%)	1.65	9.53	34.02	26.06	21.50	7.24	—	100.00
大田集镇	面积(hm^2)	1661.32	3162.74	2054.82	677.86	329.35	281.71	—	8167.81
	比例(%)	20.34	38.72	25.16	8.30	4.03	3.45	—	100.00
党集乡	面积(hm^2)	1009.98	971.46	791.22	989.18	248.55	130.60	19.65	4160.64
	比例(%)	24.27	23.35	19.02	23.77	5.97	3.14	0.47	100.00
苟村集镇	面积(hm^2)	1074.83	629.73	445.03	782.42	63.96	—	—	2995.97
	比例(%)	35.88	21.02	14.85	26.12	2.13	—	—	100.00
九女集镇	面积(hm^2)	37.50	909.18	1918.40	1911.28	2051.22	332.21	206.29	7366.08
	比例(%)	0.51	12.34	26.04	25.95	27.85	4.51	2.80	100.00
南鲁集镇	面积(hm^2)	673.79	548.01	683.28	529.22	2275.25	485.00	426.85	5621.39
	比例(%)	11.99	9.75	12.16	9.41	40.47	8.63	7.59	100.00
孙寺镇	面积(hm^2)	—	79.74	1034.76	1352.45	2178.13	601.16	179.38	5425.63
	比例(%)	—	1.47	19.07	24.93	40.15	11.08	3.31	100.00
天宫庙镇	面积(hm^2)	—	91.12	1239.14	701.67	1389.76	508.90	1.16	3931.74
	比例(%)	—	2.32	31.52	17.85	35.35	12.94	0.03	100.00
汶上集镇	面积(hm^2)	429.65	612.81	1354.38	1390.50	1829.13	1235.72	782.99	7635.18
	比例(%)	5.63	8.03	17.74	18.21	23.96	16.18	10.26	100.00
张楼乡	面积(hm^2)	910.91	2586.70	411.08	141.71	—	—	—	4050.40
	比例(%)	22.49	63.86	10.15	3.50	—	—	—	100.00

表3 耕层土壤pH分级及面积

级别	1	2	3	4	5
范围	<7.8	7.8～7.9	7.9～8.0	8.0～8.1	>8.1
耕地面积(hm^2)	759.6	11823.7	48455.0	796.9	4831.5
占耕地比例(%)	1.1	17.7	72.7	1.2	7.2
主要分布区域	成武镇、党集北、汶上	汶上、党集、白浮东南、成武镇	天宫、九女、党集、南鲁	伯乐、苟村、孙寺、白浮、张楼、田集	孙寺、张楼

表 4　耕层土壤有机质分级及面积

级别	1	2	3	4	5
范围	＞13	12～13	11～12	10～11	＜10
耕地面积(hm^2)	12734.8	18069.9	20965.0	11369.8	3527.3
占耕地比例(%)	19.1	27.1	31.4	17.1	5.3
主要分布区域	孙寺、天宫西北、伯乐、成武镇西北	孙寺、天宫、九女、伯乐、成武、苟村	张楼、白浮、田集、南鲁、汶上、党集、苟村北部	白浮、张楼、田集、南鲁、汶上、苟村	白浮、张楼、田集、南鲁、汶上

表 5　耕层土壤全氮分级及面积

级别	1	2	3	4	5
范围	＞1.0	0.9～1.0	0.8～0.9	0.7～0.8	＜0.7
耕地面积(hm^2)	507.8	8299.7	38888.9	17481.3	1488.5
占耕地比例(%)	0.8	12.4	58.3	26.2	2.2
主要分布区域	孙寺、天宫、苟村、九女	天宫、孙寺、九女、苟村	汶上、伯乐、九女、苟村、南鲁	白浮、张楼、田集、党集	张楼北、南鲁西、苟村西

表 6　耕层土壤碱解氮分级及面积

级别	1	2	3	4	5	6
范围	＞60	50～60	40～50	30～40	20～30	＜20
耕地面积(hm^2)	8369.4	20913.0	12511.7	6111.6	10345.1	8415.9
占耕地比例(%)	12.6	31.4	18.8	9.2	15.5	12.6
主要分布区域	白浮、田集、苟村	白浮、张楼、田集、苟村、九女	天宫、孙寺、九女、伯乐、南鲁	张楼、白浮、田集、九女、汶上北	南鲁、党集、汶上、成武、孙寺	党集、成武、南鲁、孙寺

表 7　耕层土壤有效磷分级及面积

级别	1	2	3	4	5	6
范围	＞40	30～40	20～30	16～20	10～16	＜10
耕地面积(hm^2)	107.4	5257.7	13831.7	38132.3	8598.1	739.4
占耕地比例(%)	0.2	7.9	20.7	57.2	12.3	1.1

续表

级别	1	2	3	4	5	6
主要分布区域	成武镇、苟村南、孙寺	汶上东、伯乐北、九女南、孙寺、白浮南	孙寺、天宫、九女、党集、伯乐、南鲁、苟村、白浮南	白浮、田集、党集、南鲁、九女、天宫	张楼、田集、汶上西北、九女北	张楼、汶上西北、九女北

表8 耕层土壤缓效钾分级及面积

级别	1	2	3	4	5
范围	＞800	600～800	400～600	200～400	＜200
耕地面积(hm²)	5073.2	14222.0	21228.5	17517.5	8625.6
占耕地比例(%)	7.6	2.1	31.8	26.3	12.9
主要分布区域	党集、九女、南鲁、张楼、张楼北、孙寺	党集、南鲁、九女、孙寺、张楼北	白浮、张楼、田集、伯乐、九女南	白浮、田集、苟村、九女、汶上、成武镇	汶上西、白浮南、成武镇、汶上西

表9 耕层土壤速效钾分级及面积

级别	1	2	3	4	5	6	7
范围	＞180	160～180	140～160	120～140	100～120	80～100	＜80
耕地面积(hm²)	642.8	6785.4	22302.1	26002.2	7199.8	3078.4	656.2
占耕地比例(%)	1.0	10.2	33.5	39.0	10.8	4.6	1
主要分布区域	天宫东南、九女北	孙寺南、九女北、苟村西、汶上北、天宫东南	九女南、伯乐南、孙寺、苟村、汶上北、白浮东南、天宫东南、田集东北	白浮、田集、张楼、党集、伯乐北、南鲁东、天宫西北	白浮、党集、成武镇东南	白浮北、张楼东、党集东、田集北、成武镇西北	白浮北、党集东、田集北、成武镇西北

表10 耕层土壤有效锌分级及面积

级别	1	2	3	4	5
范围	＞1.5	1.0～1.5	0.7～1.0	0.5～0.7	＜0.5
水平	丰富	较丰富	中等	缺乏	极缺
耕地面积(hm²)	3241.6	20651.4	33306.4	9209.3	258.0
占耕地比例(%)	4.9	31.0	50.0	13.8	0.4
主要分布区域	孙寺、苟村、南鲁、伯乐、田集北	张楼、田集、苟村、南鲁、伯乐、孙寺	汶上、九女、天宫、党集、白浮	九女、党集、白浮、汶上、成武镇	白浮西南、成武西北、天宫西北、汶上北

表 11　　耕层土壤有效硼分级及面积

级别	1	2	3	4	5
范围	＞0.8	0.7～0.8	0.6～0.7	0.5～0.6	＜0.5
水平	较丰富	中等	较缺	缺乏	极缺
耕地面积(hm²)	4394.3	6595.5	17249.3	22715.6	15712.0
占耕地比例(%)	6.6	9.9	25.9	34.1	23.6
主要分布区域	南鲁西南、天宫、伯乐西、党集南、伯浮东南、汶上西、田集北	南鲁西南、天宫、田集北、成武镇南、苟村西北	天宫、孙寺、成武镇西北	九女、苟村、汶上、党集	白浮、张楼、田集、九女、伯乐

表 12　　耕层土壤有效锰分级及面积

级别	1	2	3	4	5
范围	＞8	6～8	4～6	2～4	＜2
水平	较缺乏	较缺乏	缺乏	极缺	极缺
耕地面积(hm²)	644.6	11653.7	34255.9	15988.9	4123.6
占耕地比例(%)	1.0	17.5	51.4	24.0	6.2
主要分布区域	伯乐、九女、苟村	伯乐、九女、苟村、城关、南鲁、田集	南鲁、田集、伯乐、九女、孙寺、城关、张楼	汶上、党集、白浮、天宫、苟村、田集、九女	党集、白浮、汶上、苟村、天宫

表 13　　耕层土壤有效铜分级及面积积

级别	1	2	3	4	5
范围	＞0.8	0.7～0.8	0.6～0.7	0.5～0.6	＜0.5
水平	较丰富	中等	中等	中等	缺乏
耕地面积(hm²)	1899.9	5724.7	16352.7	29480.7	13208.8
占耕地比例(%)	2.8	8.6	24.5	44.2	19.5
主要分布区域	田集西、伯乐西、白浮、成武东南	苟村、南鲁、伯乐、田集	田集、南鲁、伯乐、成武镇	田集、南鲁、孙寺、苟村、天宫、汶上	党集、九女、白浮、张楼、成武

表14　　耕层土壤有效铁分级及面积

级别	1	2	3	4
范围	＞6	4～6	2～4	＜2
耕地面积(hm^2)	3311.3	18853.4	41120.4	3381.6
占耕地比例(%)	5.0	28.3	61.7	5.1
主要分布区域	成武镇、伯乐北、田集、张楼	孙寺、张楼、九女、成武镇	白浮、田集、党集、南鲁、汶上、天宫	九女南、南鲁南、伯乐、苟村

附录二　成果图

成武县耕地地力评价图

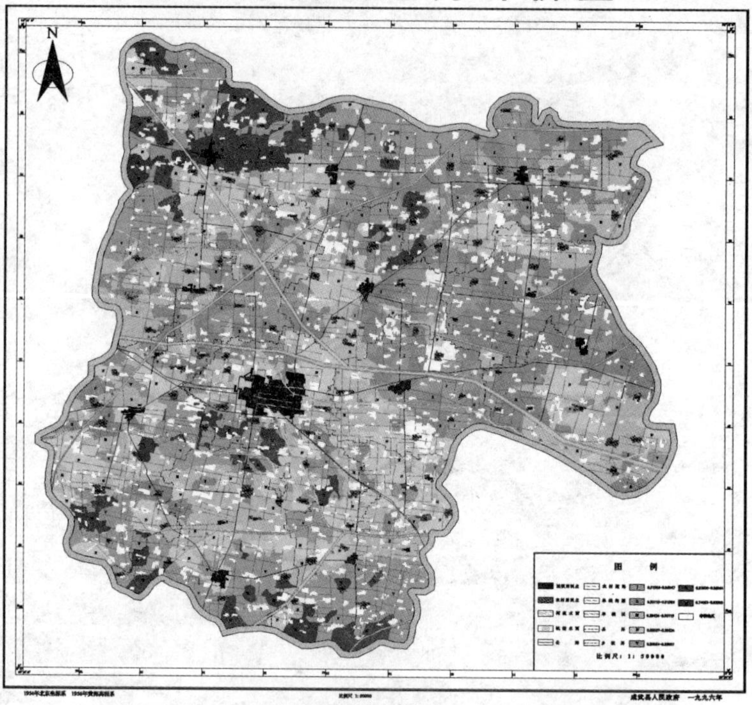

图 1　1：50000 成武县耕地地力评价图

成武县土壤有机质含量分布图

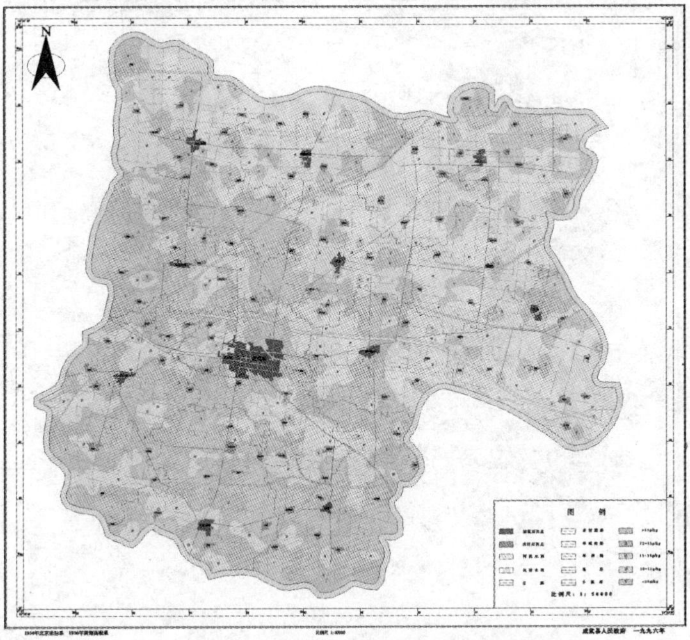

图2　1∶50000成武县土壤有机质含量分布图

成武县土壤pH含量分布图

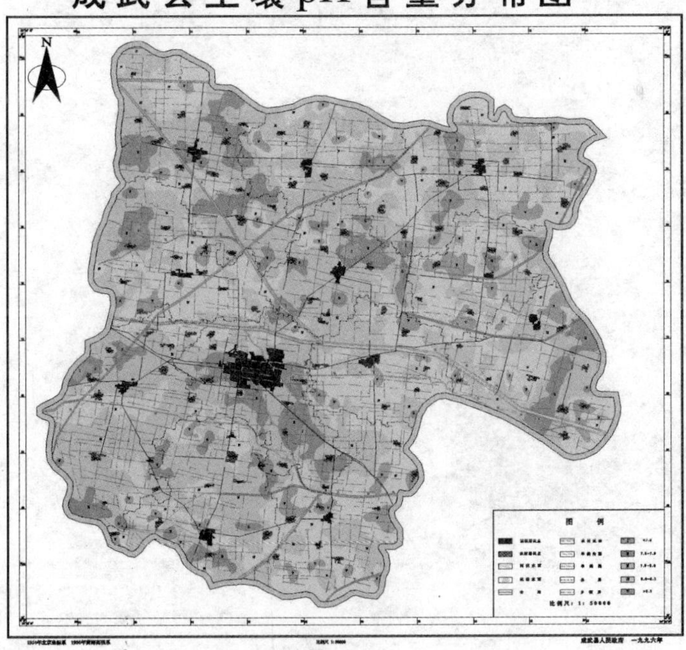

图3　1∶50000成武县土壤pH含量分布图

成武县土壤全氮含量分布图

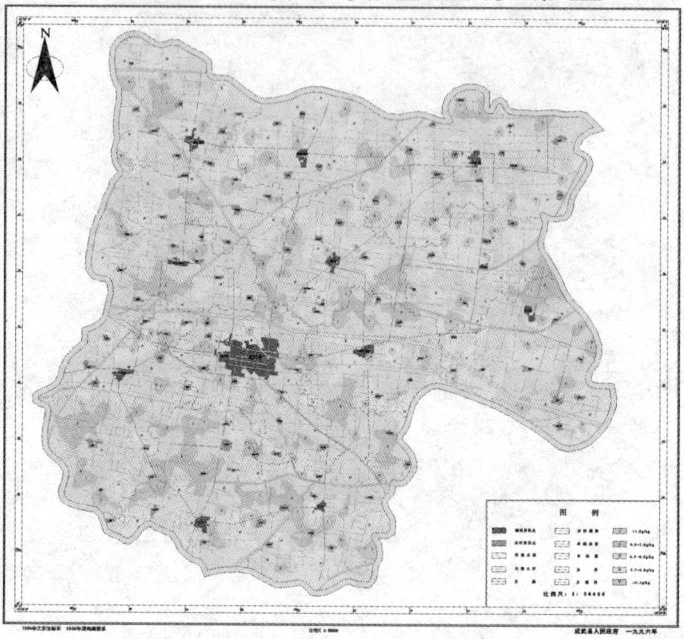

图4 1∶50000 成武县土壤全氮含量分布图

成武县土壤水解氮含量分布图

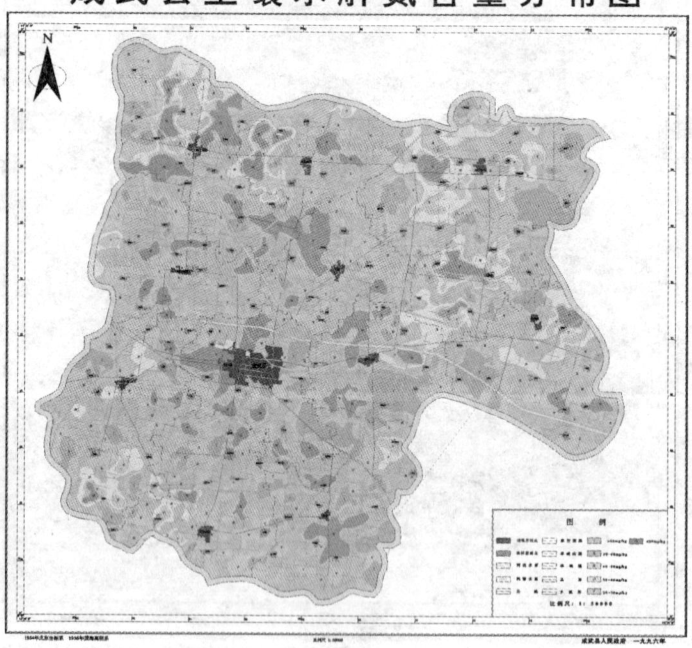

图5 1∶50000 成武县土壤水解氮含量分布图

成武县土壤有效磷含量分布图

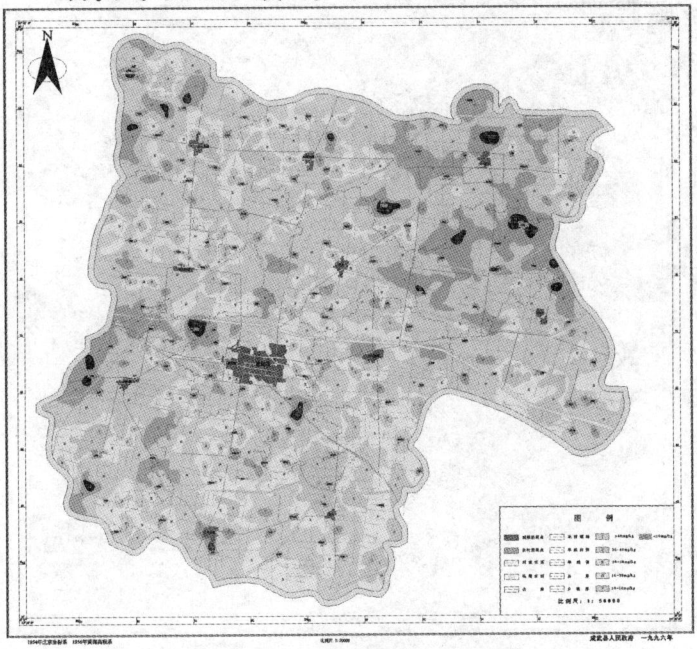

图 6　1：50000 成武县土壤有效磷含量分布图

成武县土壤速效钾含量分布图

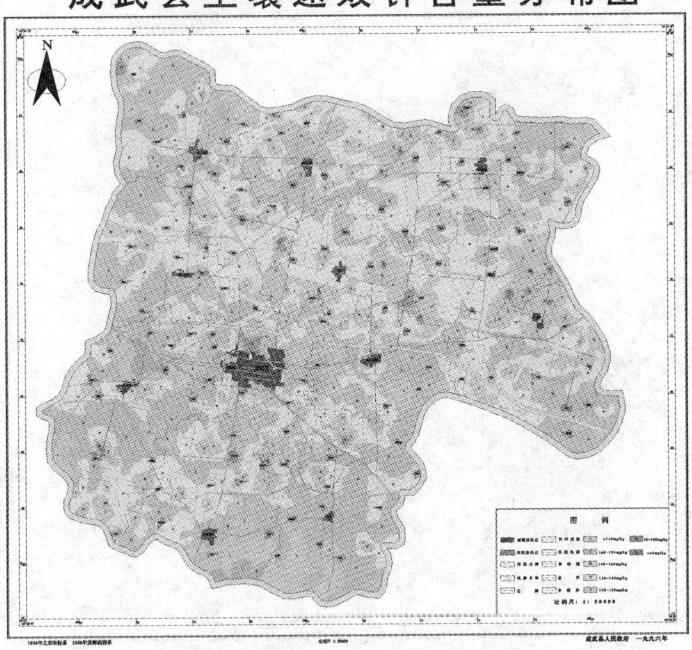

图 7　1：50000 成武县土壤速效钾含量分布图

成武县土壤缓效钾含量分布图

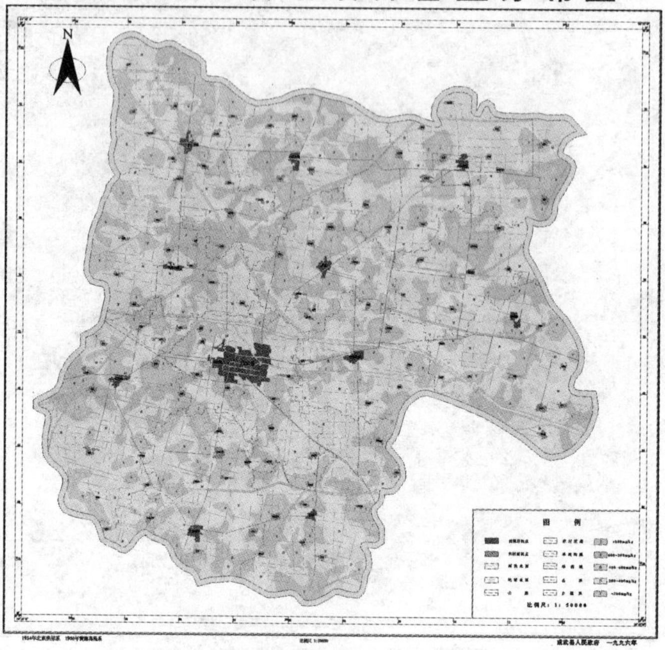

图 8　1∶50000 成武县土壤缓效钾含量分布图

成武县土壤有效硼含量分布图

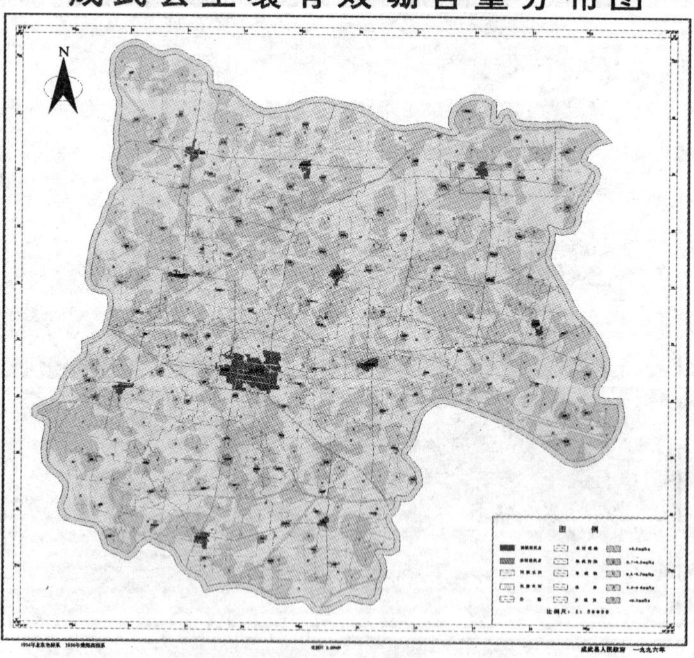

图 9　1∶50000 成武县土壤有效硼含量分布图

成武县土壤有效锌含量分布图

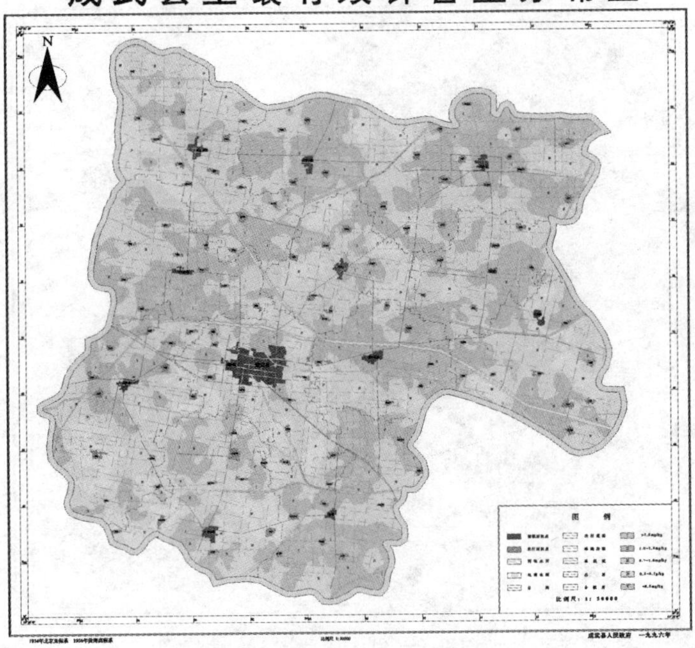

图10　1∶50000 成武县土壤有效锌含量分布图

成武县土壤有效铜含量分布图

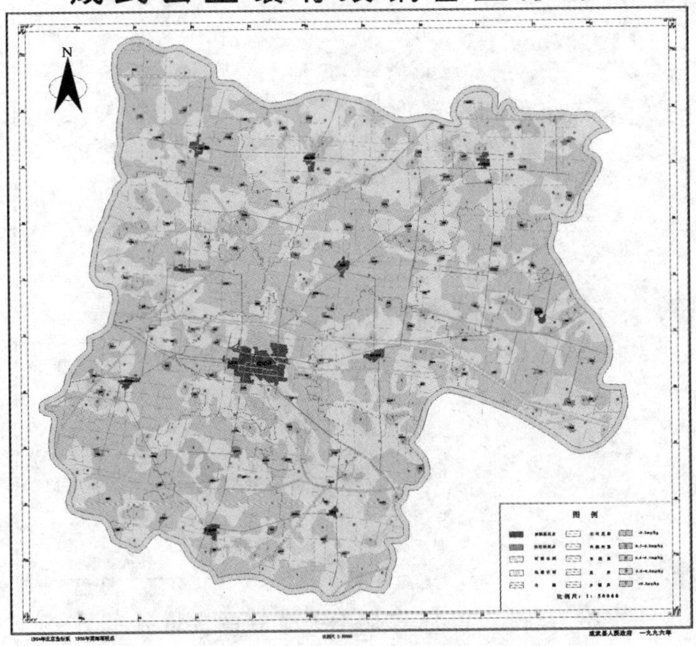

图11　1∶50000 成武县土壤有效铜含量分布图

成武县土壤有效铁含量分布图

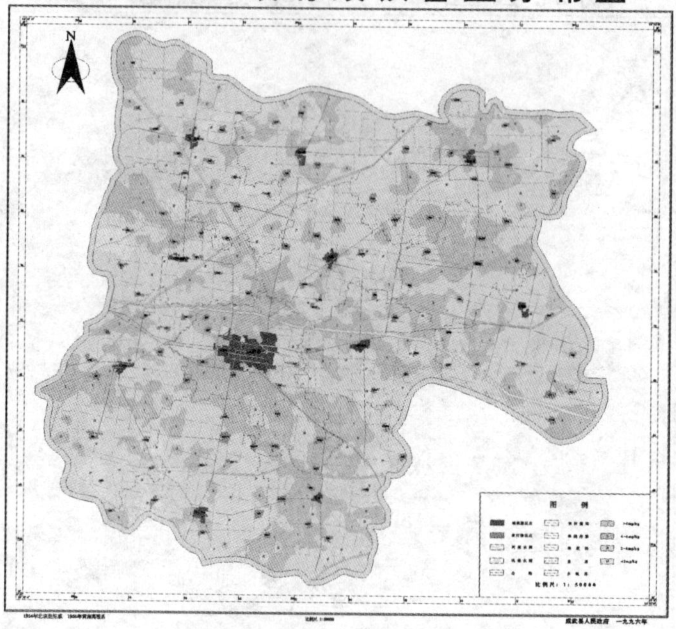

图 12　1∶50000 成武县土壤有效铁含量分布图

成武县土壤有效锰含量分布图

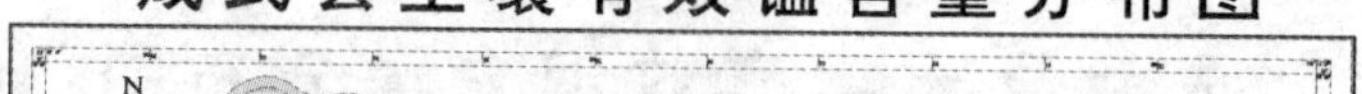

图 13　1:50000 成武县土壤有效锰含量分布图